二十一世纪普通高等教育人才培养规划教材

ERSHIYI SHIJI PUTONG GAODENG JIAOYU RENCAI PEIYANG GUIHUA JIAOCAI

物流配送实训

主　编○孙　健
副主编○廖云珊

西南财经大学出版社
Southwestern University of Finance & Economics Press

图书在版编目(CIP)数据

物流配送实训/孙健主编.—成都:西南财经大学出版社,2015.6
ISBN 978 - 7 - 5504 - 1909 - 4

Ⅰ.①物… Ⅱ.①孙… Ⅲ.①物资配送 Ⅳ.①F252.2

中国版本图书馆 CIP 数据核字(2015)第 101122 号

物流配送实训

主 编:孙 健

副主编:廖云珊

责任编辑:李特军

助理编辑:李晓嵩

封面设计:何东琳设计工作室

责任印制:封俊川

出版发行	西南财经大学出版社(四川省成都市光华村街55号)
网 址	http://www.bookcj.com
电子邮件	bookcj@foxmail.com
邮政编码	610074
电 话	028 - 87353785 87352368
照 排	四川胜翔数码印务设计有限公司
印 刷	四川五洲彩印有限责任公司
成品尺寸	185mm×260mm
印 张	10
字 数	240 千字
版 次	2015 年 6 月第 1 版
印 次	2015 年 6 月第 1 次印刷
印 数	1—2000 册
书 号	ISBN 978 - 7 - 5504 - 1909 - 4
定 价	24.00 元

前　言

随着世界经济全球化发展的不断深入和我国经济全球化进程的加快，企业将会面对更加激烈的市场竞争。在面对市场竞争的过程中，任何希望从竞争中取得优势地位的企业都不能忽视现代物流这一"第三利润源泉"的作用。当前在发达国家中，现代物流运作已经不是只局限于降低物流成本，而是通过有序的物流组织提供适宜的物流服务来实现企业整体效益的最大化。为实现这一目标，《物流配送实训》一书从物流配送的角度，就当前配送中所涉及的有关内容，从理论和实际操作上进行了多角度的阐述。

本书的编写一方面为独立院校物流管理专业本科学生的实训教学抛砖引玉，做出教学中的尝试；另一方面结合院系自身教学项目的需求，从物流配送的角度结合实际情况有针对性地对有关内容进行了阐述。

本书编写的目的在于让学生通过物流实训教学环节的学习，以文字阅读的形式了解到物流配送实训中所涉及的理论概念、作业流程、作业内容以及作业方法等内容，从而建立较为系统的理论知识体系，为今后更好地参与社会活动打下良好的基础。

本书共分十二章，由广州大学华软软件学院管理系物流管理专业教研室编写。孙健高级经济师、高级物流师担任主编，廖云珊高级物流师、讲师担任副主编，教研室同仁共同参与编写。具体编写分工如下：第一、二章由廖云珊编写；第三、四、八、九章由孙健编写；第五章由潘恩林编写；第六、七章由吴晔编写；第十章由胥爱霞编写；第十一章由韩正涛编写；第十二章由吴海燕编写。在此，对各位编者付出的辛勤劳动表示衷心的感谢。

本书在编写中参考了大量的网络资源，如百度网的有关资料，同时也借鉴和吸收了众多学者的理论成果。在此向各方表达衷心的感谢。

本书在编写过程中得到了西南财经大学出版社、广州大学华软软件学院管理系主任查俊峰教授以及编者家人的大力支持，在此一并表示衷心的感谢。

本书的编写由于时间紧、工作量大，书中存在一些不足，敬请各位专家和读者不吝赐教，以便在今后的修订中不断加以完善。

编者

2015 年 5 月于济南

目 录

第一章　配送与配送中心概述

【实训目标】

（1）掌握配送的含义与特征、种类与模式。

（2）掌握商贸企业物流配送、快递企业物流配送和制造企业物流配送的内涵。

【实训条件】

案例及视频资料，参观实训企业。

【关键概念】

配送、集货、分拣、配货、配装、配送运输（送货）、配送加工。

【引导案例】

商贸企业的配送活动——沃尔玛公司的配送中心

沃尔玛公司的配送中心是沃尔玛公司独资建立，专为公司的连锁店提供商品的部门。在美国，每个沃尔玛配送中心建筑面积约 12 万平方米，投资 7 000 万美元（1 美元约等于 6.20 元人民币，下同），有 1 200 多名员工；配送设备包括 200 多辆配送卡车、400 节铁路车厢、13 条配送传送带、配送中心内的 170 个接货口。配送中心 24 小时运转，每个沃尔玛配送中心每天为分布在纽约州、宾夕法尼亚州等各州的 100 多家沃尔玛公司连锁店配送商品。

案例思考：

（1）什么是配送？

（2）配送的作用是什么？

第一节　配送概述

现实生活中有很多配送活动，如学校纯净水的配送，网购商品的配送，连锁超级市场对各分店的商品的配送等。有关配送的概念，在不同的国家有不同的表述。

一、配送的概念

配送是物流中一种特殊的、综合的活动形式，是商流与物流紧密结合的作业过程，其中既包含了商流活动和物流活动，又包含了物流若干功能要素集合的多种活动形式。配送在我国物流术语里被定义为：配送是指在经济合理区域范围内，根据客户要求，对物品进行拣选、加工、包装、分割、组配等作业，并按时送达指定地点的物流活动（《中华人民共和国国家标准物流术语》GB/T18354—2001）。

我国学者对配送概念的看法主要有：

从资源配置的角度出发，认为配送是以现代送货形式实现资源配置的经济活动。这种说法表明：配送是资源配置的一部分；配送是"最终配置"，因而是接近客户的配置；配送的主要经济活动是送货，强调"现代"两字；配送是接近客户的那一段流通领域，有其局限性。

从实物运动形态的角度出发，认为配送是按用户的订货要求，在配送中心或物流结点进行货物配备，并以最合理的方式送交用户的经济活动。对于这种观点，学者们提出了5个要点：配送是接近用户的资源配置的全过程；配送的本质是送货，不是偶然行为，是一种固定形态，甚至是有确定组织，确定渠道，确定装备、管理和技术力量，确定制度的体制形式，是现代高水平的送货形式；配送是一种"中转"形式的物流运动；配送是配与送的有机结合形式；配送是以用户要求为出发点的活动。

本书认为，配送的内涵应包括以下三点：

第一，配送提供的是物流服务，因此满足顾客对物流服务的需求是配送的前提。在买方市场条件下，顾客的需求是灵活多变的，消费特点是多品种、小批量的，因此从这个意义上说，配送活动绝不是简单的送货活动，而应该是建立在市场营销策划基础上的企业经营活动。同时，单一的送货功能无法较好地满足广大顾客对物流服务的需求，因此配送活动是多项物流活动的统一体。

第二，配送是"配"与"送"的有机结合。合理地"配"是指在送货活动之前必须依据顾客需求对其进行合理的组织与计划。只有有组织、有计划地"配"才能实现现代物流管理中低成本、快速度地"送"，进而有效满足顾客的需求。

第三，配送是在积极合理的区域范围内的送货。配送不宜在大范围内实施，通常仅局限在一个城市或地区范围内进行。

二、配送的功能要素

（一）集货

集货，即将分散的或小批量的物品集中起来，以便进行运输、配送的作业。集货是配送的重要环节，为了满足特定客户的配送要求，有时需要把几家甚至数十家供应商处预订的物品集中，并将集中的物品分配到指定容器和场所。集货作业是配送前期的准备工作或基础工作，是对客户的货物进行一定规模的集中处理。

（二）分拣

分拣是将物品按品种、出入库先后顺序进行分门别类堆放的作业。分拣是配送不同于其他物流形式的有特点功能要素，也是配送成败的一项重要支持性工作。分拣是完善送货、支持送货的准备性工作，也是不同配送企业送货时进行竞争和提高自身经济效益的必然延伸。因此，也可以说分拣是送货向高级形式发展的必然要求。有了分拣，会大大提高送货的服务水平。

（三）配货

配货是使用各种拣选设备和传输装置，将存放的物品按客户的要求分拣出来，配备齐全合理，送入指定发货地点的过程。

（四）配装

在单个客户配送数量不能达到车辆的有效运载负荷时，如何集中不同客户的发送货物，进行搭配装载以充分利用运能、运力的问题，这就需要配装。配装跟一般送货处理的不同点在于，通过配装可以大大提高送货水平及降低送货成本。因此，配装是配送系统中有现代特点的功能要素，也是现代配送不同于传统送货的重要区别之处。

（五）配送运输（送货）

配送运输是较短距离、较小规模和额度的运输形式，一般使用载货吨位较小的汽车作为运输工具。与干线运输的一个区别在于干线运输多选择市外的国道、省道干线为运输线，而配送运输由于配送的客户多处于城市内及郊区附近，运输道路多处于较复杂的城市内交通路线。如何组合成最佳路线、如何使路线的有效搭配等，是配送运输的特点，也是难度较大的工作。

（六）送达服务

将配装好的货物送达客户还不能算配送工作的结束，这是因为要送达的货物和客户要接收的货物往往还会出现不协调，使配送前功尽弃。因此，要圆满地实现运达货物的移交，还应讲究卸货地点、卸货方式等作业内容，以有效地、方便地处理相关手续并完成整个作业的结算。送达服务也是配送独具的特殊性。

（七）配送加工

配送加工是按照配送客户的要求进行的流通加工。在配送中，配送加工这一功能要素不具有普遍性，但是配送加工是物流作业中起着重要作用的功能要素。这是因为配送加工是根据客户需求存在的，而不是物流作业中必要的作业机制。根据客户需求存在的配送加工可以大大提高客户服务的满意程度，成为现代物流作业中很重要的增值性服务内容。

三、配送与送货的区别

配送与送货有着明显的区别，送货只是供需双方的一种实物交接形式，而配送的含义要广泛得多，两者的主要区别体现在以下几方面：

第一，送货主要体现为生产企业和商品经营企业的一种推销手段，通过送货达到多销售产品的目的。配送则是社会化大生产和高度专业化分工的产物，是商品流通社会化服务的一种发展趋势。

第二，送货方式对用户而言，只能满足其部分需求，送货人有什么送什么。配送则将用户的要求作为目标，体现用户要求什么送什么、希望什么时候送就什么时候送。

第三，送货有时是送货单位的附带性工作，送货单位的主要业务并非送货。配送则表现为配送部门的专职，通常表现为专门进行配送服务的部门或机构，如配送中心等。

第四，送货在商品流通中只能是一种服务方式。配送则不仅仅是一种物流手段，更重要的是一种物流体制，最终要发展为"配送制"。

第五，配送企业可集中库存，保证向企业内部的各生产单位进行物资供应，可以取代原来分散在各个企业为保证生产持续进行而设立的库存作业，使企业物资库存实现零库存成为可能。这点在物流发达国家和我国一些地区的实践中已得到证明。送货则不具有这种功能。

第二节　配送中心概述

一、配送中心的概念

一般来说，配送中心是指从事配送业务的物流场所或组织。配送中心应基本符合下列要求：主要为特定的用户服务；配送功能健全；具有完善的信息网络；辐射范围小；多品种、小批量的作业；以配送为主，存储为辅。

我国物流学者李京文等在《物流学及其应用》一书中给配送中心下的定义为：配送中心是从事货物配备（集货、加工、分货、拣选、配货）和组织对用户的送货，以高水平实现销售或供应的现代流通设施。

正确理解配送中心的概念必须把握以下要点：

第一，配送中心的"货物配备"是其主要的、独特的工作，是全部由配送中心完成的。

第二，配送中心有自身承担送货的，也有利用社会运输企业完成送货的。对后一种送货而言，配送中心主要是组织者而不是承担者。

第三，配送中心是配送活动和销售活动或供应等经营活动的结合，是一种经营手段。排除配送中心是单一物流活动的看法。

第四，配送中心的"现代流通设施"与传统的商场、贸易中心、仓库等流通设施具有区别。配送中心以现代装备和工艺为基础，不但处理商流而且处理物流，是兼有商流、物流全功能的流通设施。

二、配送中心的主要功能

配送中心是配送活动的主要承担者，主要有以下功能：

（一）集货

配送中心为实现按用户需要配送，必须从众多供应商手中购进大量的品种比较齐全的商品。

（二）储存保管

为保证正常配送的需要，在配送中心应保持一定的储备。同时做好商品储备的保管工作。

（三）分货、拣货、配货

将储存货物按用户要求分拣配齐，送到指定配货场，经配装送至用户。

（四）装卸搬运

集货、储存、分拣、配货、送货等过程都需要进行装卸搬运。

（五）配送加工

为解决生产中大批量、少品种和消费中的小批量、多样化要求的矛盾，按照用户对商品的不同要求，对商品进行分割、分装、配装、配载等加工活动。

（六）送货

将配装好的商品按到达地点或到达路线进行送货。

（七）物流信息情报收集、汇总、储存及传递

配送中心必须有灵敏、完整的信息情报系统，这是保证配送中心业务顺利进行的关键。

三、配送中心的类型

按照不同的划分形式，配送中心可分为以下类型：

（一）按配送中心的经济功能分类，可分成供应型配送中心、销售型配送中心和储存型配送中心

1. 供应型配送中心

供应型配送中心是专门向某些用户供应货物，充当供应商角色的配送中心，其服务对象主要是生产企业和大型商业组织（超级市场或联营商店），它们所配送的货物以原材料、元器件和其他半成品为主。供应型配送中心为保证生产和经营活动正常运行，一般都建有大型仓库并储存一定数量的商品，占地面积一般较大。

供应型配送中心的特点是：配送的用户有限并且稳定，用户的配送要求范围比较确定，属企业型用户；配送中心集中库存的品种比较固定；计划性较强。例如，始建1987年3月的英国斯温顿本田（Honda）汽车配件配送中心，占地面积为150万平方米，总建筑面积7 000平方米，经营配件6万余种，储存的大型配件达1 560货格，小型配件为5万箱左右。位于美国洛杉矶的铃木（Suzuki）汽车配件中心，占地面积为4万平方米，总建筑面积8 200平方米，经营的汽车配件达1万种之多。

2. 销售型配送中心

销售型配送中心是指配送中心执行销售的职能，以销售商品为主要目的，以开展配送为辅助手段而组建的配送中心。

销售型配送中心因隶属单位不同，又可细分成以下三种：

（1）生产企业为了直接销售自己的产品和扩大自己的市场份额而建立的销售型配送中心。特别是在美国，这种类型的配送中心数量很多。

（2）专门从事商品销售活动的流通企业，为扩大销售而自建或合作建立起来的销售型配送中心。近几年，我国的一些试点城市已经建立或正在建立的生产资料配送中心多属这种类型的物流组织。

（3）流通企业和生产企业联合建立的销售型配送中心。这种配送中心类似国外的公用型配送中心。

销售型配送中心的用户一般是不确定的，而且用户的数量很大，每一个用户购买的数量又较少，属于消费者型用户。

3. 储存型配送中心

储存型配送中心是指有很强储存功能的配送中心。在买方市场下，企业成品销售需要有较大的库存支持，其配送中心要有较强的储存功能；在卖方市场下，企业原材料、零部件供应需要有较大的库存支持，其供应配送中心也要有较强的储存功能。大范围配送的配送中心，更需要有较大库存作为储存。例如，美国赫马克配送中心拥有一个有163 000个货位的储存区。我国目前拟建的配送中心，常采用集中库存形式，库存量较大，多为储存型。

（二）按物流设施的归属分类，可分成自有型配送中心、公共型配送中心和合作型配送中心

1. 自有型配送中心

自有型配送中心是指隶属某一个企业或企业集团，通常只为本企业提供配送服务的配送中心。连锁经营的企业常常建有这类配送中心。自有型配送中心是包括原材料仓库在内的各种物流设施和设备归一个企业集团所有，作为一种物流组织，配送中心是企业或企业集团的一个有机的组成部分。例如，美国沃尔玛公司所属的配送中心，就是该公司独资建立，专门为该公司所属的连锁店提供商品配送中心服务的自有型配送中心。

2. 公共型配送中心

公共型配送中心是从整个社会系统的要求出发，面向所有用户提供后勤服务的配送组织（或物流设施）。

一般来说，公共型配送中心主要建立在中心城市，这是因为中心城市具有市场发达、用户相对集中、信息集中、地理位置优越、交通运输和通信设施健全等方面的优势。

3. 合作型配送中心

合作型配送中心是由几家企业合作兴建、共同管理的物流设施，多为区域性配送中心。

区域性配送中心可以是以下几种形式：

（1）可以是企业之间联合发展，如中小型零售企业联合投资兴建，实行配送中心

共同化。

（2）可以是系统或地区规划建设，达到本系统或本地区内企业的共同配送。

（3）多个企业、系统、地区联合共建，形成辐射全社会的配送网络。

例如，北京市粮食局系统的800余家物流中心即为系统内联合的例子；上海市政府、流通主管部门所规划发展的百货、粮食、副食等四大配送中心则为区域内联合的例子。

（三）按服务范围和服务对象分类，可分成城市配送中心和区域配送中心

1. 城市配送中心

城市配送中心是指以某个城市的区域范围作为配送范围的配送中心。城市范围一般处于汽车运输的经济里程内，配送中心可直接采用汽车运输配送到最终用户。因此，这种配送中心往往和零售经营相结合。

城市配送中心具有以下明显的特征：

（1）运输工具主要采用汽车运输。城市范围是汽车运输的经济范围，汽车运输可将货物直接送达用户，实现门到门。

（2）城市配送中心采用少批量、多批次、多品种、多用户的配送，这就决定了城市配送中心的复杂性和灵活性。

（3）城市配送中心是供应链管理中销售物流的重要组成部分，是基于物流合理化和发展市场两个方面的需要而发展的。

（4）配送中心必须对客户进行分类管理，以应对复杂多样的客户需求。配送中心必须根据客户不同需求的性质进行车辆配载、路线安排以提高作业效率。

2. 区域配送中心

区域配送中心是以较强的辐射能力和库存准备，向省（州）际、全国乃至国际范围的用户配送的配送中心。这种配送中心配送规模较大，一般而言用户需求较大，配送批量也较大，而且往往是配送给下一级的城市配送中心，也配送给零售商、批发商和企业用户。虽然也从事零星的配送，但是不是主体形式。

（四）按运营主体的不同分类，可分成制造商型配送中心、批发商型配送中心、零售商型配送中心、专业物流配送中心

1. 制造商型配送中心

制造商型配送中心是以制造商为主体的配送中心。这种配送中心配送的物品100%是由自己生产制造，用以降低流通费用、提高售后服务质量和及时地将预先配齐的成组元器件运送到规定的加工和装配工位。制造商型配送中心不具备社会化的要求。

2. 批发商型配送中心

批发商型配送中心是由批发商或代理商成立的，以批发商为主体的配送中心。批发是物品从制造者到消费者手中之间的传统流通环节，一般是按部门或物品类别的不同，把每个制造厂的物品集中起来，然后以单一品种或搭配向消费地的零售商进行配送。这种配送中心的物品来自各个制造商，它所进行的一项重要的活动是对物品进行汇总和再销售，而它的全部进货和出货都是社会配送的，社会化程度高。

3. 零售商型配送中心

零售商型配送中心是由零售商向上整合所成立的，以服务零售业为主体的配送中心。零售商发展到一定规模后，就可以考虑建立自己的配送中心，为专业物品零售店、超级市场、百货商店、建材商场、粮油食品商店、宾馆饭店等服务，其社会化程度介于前两者之间。

4. 专业物流配送中心

专业物流配送中心是以第三方物流企业（包括传统的仓储企业和运输企业）为主体的配送中心。这种配送中心有很强的运输配送能力，地理位置优越，可迅速将到达的货物配送给用户。配送中心只是提供仓储管理和运输配送服务。这种配送中心的现代化程度往往较高。

四、配送中心的作业流程

配送中心作业过程包括：进货、搬运、储存、盘点、订单处理、拣货、补货、出货、配装配送作业。

本章小结

本章通过让学生了解配送和配送中心的基本概念与功能、配送中心的类型等，使学生对配送和配送中心有基本的认识。

自测题

（1）什么是配送？什么是配送中心？
（2）配送中心有哪些类型？
（3）配送中心有哪些主要功能？

课后案例分析

ABX 物流配送中心

ABX 不是习惯上的缩写，而是一个公司的名字，即欧洲跨国物流集团公司（以下简称 ABX 公司）。ABX 公司在 1993 年时是一家包裹速递公司，1995 年进入世界 24 家最大物流公司的排名之中。

一、ABX 不来梅配送中心

ABX 不来梅配送中心仓库作业面积 4 000 平方米，仓库内分为分拣区域和暂存区域，各占 2 000 平方米，是一个集储存中心（DC）和快速分拨中心（TC）型仓库于一体的配送中心。

该中心有进出货口 100 多个，每个进出货口都需要专人负责管理，服务是 24 小时全天候的，采用条形码管理和信息技术，用户可在任何时候查询货物的位置，无论是在卡车上还是仓库货位上。

ABX 不来梅配送中心过去不收存储存时间较长的货物。随着业务的开展，该配送中心发现仓储延伸业务还有较大的空间，就改变了原来的策略，划分出了储存区域，收存储存时间较长的货物入库，但是货物的存期一般是在一个星期以内。

据 ABX 公司的管理人员说，ABX 公司不会放弃物流环节中的任何一个细节。在 ABX 不来梅配送中心，大概一个月处理 1 500 吨配件，最重要的收入来源是长途运输。

ABX 公司的运输车辆上都喷有 ABX 公司的标志，但是这些车都不属 ABX 公司，仓库也不是 ABX 公司的，是租用德国铁路公司的。这样，ABX 公司要在仓库里安装任何新设备要先与房东商量，房东也可以作为股东投入资金，双方分清投资额度。

租用运输车、设备以及仓库，对 ABX 公司来讲很划算，可避免公司过于庞大。

ABX 公司认为，投入很多的资金去建一个仓库，假如业务只需要使用一半，那就会造成很大的浪费，因此 ABX 公司采用租用的形式来经营管理企业。现在，ABX 公司的这种管理方式在欧洲很流行。

二、ABX 纽伦堡配送中心

ABX 纽伦堡配送中心是 ABX 公司在德国的第二大分公司，仓库建设费用为 1 500 万欧元，总面积 6 万平方米，办公室加库房面积 1.3 万平方米，库内 270 米长、50 米宽，共有 130 个货口，每天处理货物折合标准集装箱 120 个，业务十分繁忙。为保证货物的安全，该配送中心设有自己的保卫部门，并在仓库四周建有铁栏杆。

下面是 ABX 纽伦堡配送中心的具体情况。

1. 客户情况

ABX 纽伦堡配送中心有 1 000 多个客户，每天信息系统要处理 2 000 个客户信息，进出 500 吨货物，不急的货可留 6 个小时，货物品类非常多，危险品等限制性货物不经营。

2. 信息技术系统

ABX 公司的业务软件是买德国邮政公司的，使用前进行过轻微改动，整个公司都有内部局域网，ABX 不来梅配送中心从网上就能够看到 ABX 纽伦堡配送中心的货物状况。这套软件的功能很适合 ABX 公司的业务，软件能专门管理客户自提货物，在客户自提货物后，数据库里马上就销掉。电脑配货系统可以管理到卡车里的货物，控制卡车空间，避免配载不足，急件可以先装车。货单能显示货物的位置，可以打印每单货物的身份证——条码。根据记录处理，处理完或没处理完的货物都提示清晰，不会出差错。这套软件还有差错追溯系统，收发错了的货物，可以追踪到出现差错的环节。

3. 监控系统

ABX 公司在仓库内部还安装了监视器，监视仓库内最重要的部位。这种安全的设备使整个 ABX 公司每年节省 700 万欧元（1 欧元约等于 6.75 元人民币，下同）的保险费。仓库所有的录像内容，在 4 个星期之后自动删除，如果需要查看的话，至少有 3 人以上才可以证实资料正确。

4. 仓库内部的自动化设备

ABX 公司的配送中心装备了这样的自动化设备：单轨槽式自动小车。自动小车的轨迹覆盖了所有的货区和货位，根据指令，自动小车可以自动到达指定位置，也可以人工处理。自动小车的样子与我们国内仓库使用的手动叉车很相似，在车的底部有一个很小的芯片，这是自动小车的控制中心（脑部），通过它可以根据条码信息把货物放在自动车上。条码贴上后，用扫描器扫描，自动小车自动移动到货位（ABX 公司的条码编码是使用德国邮政编码的缩写方式）。

这套自动设备的槽式轨道长约 500 多米，共有 150 部自动小车，每个自动小车最大载重 1.5 吨。轨道槽间距 3 厘米，自动小车之间互不影响，操作简单。信息输入后，自动小车自动到达货位，而当自动小车被拿出轨道后，芯片的数据自动删掉。电脑能够自动计算自动小车到达货位最短的路线。从开始运行到现在，几年时间里，整个系统只有 5 个小时的故障，运行状况很好。

这套自动设备操作简单，投资少，而且不会破坏包装。据介绍，一套这样的设备（包括自动小车）只需要 3 万欧元，ABX 公司一次就购买了 10 套，价格就更优惠一些，每辆小车大概是 400 欧元。仓库里 146 名职工三班倒，外加这套简洁的设备，这种组合一方面有利就业，另一方面完全能够配合物流信息化管理的需要。

ABX 纽伦堡物流中心四周的环境非常好，仿佛就在森林里。物流中心作业对周围居民没有影响，中心离高速公路 1 千米，交通方便，铁路也经过这里。这一带由于条件好，有 6 000 多人在这个物流中心从事物流工作。

资料来源：ABX 物流配送中心 [J/OL]. http://www.56888.net/news/201062/263231992.html

案例思考：

（1）ABX 是如何利用其他物流资源实现自身物流运作的？

（2）ABX 在纽伦堡配送中心业务运作中配置了哪些设施？其作用如何？

第二章 订单处理

【实训目标】

（1）掌握订单处理的基本内容。

（2）掌握订单处理的步骤。

【实训条件】

案例及订单处理表格。

【关键概念】

订单处理。

【引导案例】

某烟草公司的电话订货

每周一早上8点开始，烟草公司电脑订货系统自动拨打香烟零售客户电话。

电话接通后，烟草公司订货部电访员进行客户要货数采集与输入。

下午3点半，电脑系统呼叫结束。

对电话未接通或无人接听的客户，系统会进行重复呼叫至少3次，均无法接通时，不再呼叫。

下午4点半左右，将当日采集的订单数据进行审核结算。

对审核无误的订单数据，一是传送至银行结算系统，二是传送至配送中心。

案例思考：

（1）订单的类型有哪些？

（2）订单处理的作用是什么？

第一节 订单处理概述

从接到客户订货要求开始至拣货之间的作业过程称为订单处理。在此过程中包括有关客户和订单的资料确认、存货查询、单据处理乃至出货配发等。

订单处理可由人工或资料处理设备来完成。其中，人工处理较具有弹性，但只适合少量的订单，一旦订单数量增多，处理将变得缓慢且容易出错。电脑化（资料处理设备）处理，既能提供较大速率及较低的成本，又能保证作业的准确率，适合大量订单的作业过程。

第二节　订单处理的步骤

一、接单

接单作业为订单处理的第一个步骤。随着流通环境与科技的发展，接受客户订货的方式已由传统的人工下单、接单，演变为电脑间直接送收订货资料的电子订货方式。目前接单作业常有以下几种方式：

（一）传统订货方式

1. 厂商补货

厂商补货是指供应商直接将商品放在车上，一家家去送货，缺多少补多少的方式。此种方式对于周转率较快的商品或新上市商品较常使用。

2. 厂商巡货、隔日送货

厂商巡货、隔日送货是指供应商派巡货人员前一天先到各客户处寻查需要补充的货品，隔天再予以补货的方式。

3. 电话口头订货

电话口头订货是指订货人员将商品名称、规格及数量通过电话口述向厂商订货的方式。

4. 传真订货

传真订货是指客户将缺货资料整理成书面资料，利用传真机传给厂商的订货方式。

5. 邮寄订单

邮寄订单是指客户将订货表单或订货磁带等邮寄给供应商的订货方式。

6. 客户自行取货

客户自行取货是指客户自行到供应商处看货、再补货，此种方式多为传统杂货店因距离近所采用的订货方式。

7. 业务员跑单接单

业务员跑单接单是指业务员到各客户处推销产品，而后将订单携带回来或在紧急时以电话联络公司告知客户的订单。

不管利用何种方式订货，上述订货方式皆由人工输入资料而且经常重复输入、传票重复誊写，并且在输入输出之间经常造成时间耽误以及产生错误。

（二）电子订货方式

电子订货是由电子传递方式取代传统人工书写、输入、传送的订货方式。电子订货是将订货资料转为电子文本格式，采用电子数据交换方式由通信网路传送、处理和转换，以取代传统商业下单、接单动作的自动化订货系统。电子订货的做法可分为以下三种：

1. 订货簿或货架标签配合手持终端机（H.T-Handy Terminal ）及扫描器

订货人员携带订货簿或货架标签配合手持终端机及扫描器巡视货架，若发现商品缺货则用扫描器扫描订货簿或货架上的商品标签，再输入订货数量。当所有订货资料皆输入完毕后，利用数据机将订货资料传给供应商。

2. 销售时点管理系统（Point of Sale，POS）

销售时点管理系统可在商品的库存中设定安全存量，每当销售一笔商品时，电脑自动扣除该商品库存，当库存数量低于安全存量时，销售时点管理系统将销售资料与库存资料比对后，自动产生订货资料，订货资料经确认后，由通信网路传给总部或向供应商下单。

3. 订单处理系统

供需之间的订单处理系统将产生的订货资料经电子数据交换系统转成双方约定的共通格式，在约定时间里将资料传送对方。

二、对品项数量及日期的确认

对订货资料的基本检查，即检查品名、规格、数量、送货日期等是否有遗漏、笔误或不符客户要求的情形。尤其对送货时间要求紧的或出货时间已延迟的时候，更需要再次与客户确认订单内容或校正运送时间。同样，对采用电子订货方式接单的，也要对接收的订货资料加以检查确认。若通过网络增值（VAN）中心进行电子订货处理的，可委托该中心进行客户下单资料检查，对错误的下单资料经客户修改后再重新传送。

三、客户信用的确认

总部接到订单资料后，订单处理系统首先要核查客户的财务状况，以确定其有能力支付该订单之账款。其做法多是检查客户的应收账款是否已超过其信用额度。客户信用状况的查核常有以下两种途径：

（一）客户代号或客户名称的输入

输入客户代号和名称资料后，系统即可检查客户的信用状况。若客户应收账款已超过其信用额度时，系统予以警示，以便输入人员决定是否继续输入订货资料或直接拒绝其订货。

（二）订购品项资料的输入

客户的订购金额加上以前累计的应收账款超过信用额度时，系统将此笔订单资料锁定，以便主管审核，审核通过后，此笔订单资料才能进入下一个处理步骤。

客户的信用调查常由销售部门来负责，有时也会授权由运销部门来承接负责，一旦查核结果发现客户的信用有问题，运销部门就将订单送回销售部门重新调查或退回。

四、订单状态确认

物流中心面对不同的客户或不同的商品有着不同交易及处理方式。各订单交易状态及相对处理方式主要有以下几种方式：

（一）一般交易订单

交易状态：正常、一般的交易订单，即接单后按正常的作业程序拣货、出货、配送、收款结案的订单。

处理方式：接单后，将资料输入订单处理系统，按正常的订单处理程序处理，资料处理完后进行拣货、出货、配送、收款结案等作业。

（二）现销式交易订单

交易状态：与客户当场直接交易、直接给货的交易订单，如业务员至客户处巡货、铺销所得的交易订单或客户直接至物流中心取货的交易订单。

处理方式：订单资料输入后，因其货品已交予客户，故订单资料不再参与拣货、出货、配送等作业，只记录交易资料，以便收取应收款项。

（三）间接交易订单

交易状态：客户向物流中心订货，由供应商直接配送给客户的交易订单。

处理方式：接单后，将客户的出货资料传给供应商由其代配。该方式的客户送货单是自行制作或委托由供应商制作。

（四）合约式交易订单

交易状态：与客户签订配送契约的交易方式，如签订在某一期间内定时配送某数量的商品。

处理方式：约定的送货日来临时，将该配送的资料输入系统处理以便出货配送，或者一开始便输入合约内容的订货资料并设定各批次送货时间，以便在约定日期来临时系统自动产生送货的订单资料。

（五）寄库式交易

交易状态：客户因促销、降价等市场因素而先行订购某数量的商品，而后视需求再出货的交易订单。

处理方式：当客户要求配送寄库商品时，系统应检核客户是否确实有此项寄库商品，若有，则出此项商品。

（六）兑换券交易

交易状态：客户兑换券所兑换商品的配送出货。

处理方式：将客户兑换券所兑换的商品配送给客户时，系统应核查客户是否确实有此兑换券回收资料，若有，则依据兑换券兑换的商品及兑换条件予以出货。

不同的订单交易形态有不同的订货处理方式，因而接单后必须再对客户订单或订单上的订货品项加以确认其交易形态，以便让系统针对不同形态的订单提供不同的处理功能。

五、订货价格确认

不同的（大盘、中盘、零售）客户、不同的订购量，可能有不同的售价，输入价格时系统应加以核检。若输入的价格不符（输入错误或因业务员降价强接单等），系统应加以锁定，以便主管审核。

六、加工包装确认

客户对订购的商品是否有特殊的包装、分装或贴标等要求，或是有关赠品的包装等资料皆应详加确认和记录。

七、设定订单号码

每一订单应有其单独的订单号码，并由控制单位或成本单位来指定。此号码除了便于计算成本外，可用于制造、配送等一切有关工作，所有工作说明单及进度报告均应附此号码。

八、建立客户档案

将客户状况详细地记录能让交易方便进行，也有益于以后合作机会的增加。客户档案应包含以下内容：
（1）客户姓名、代号、等级形态（产业交易性质）。
（2）客户信用额度。
（3）客户销售付款及折扣率的条件。
（4）开发或负责此客户的业务员。
（5）客户配送区域。
（6）客户收账地址。
（7）客户点配送路径顺序。
（8）客户点适合的车辆形态。
（9）客户点下货特性。
（10）客户配送要求。
（11）过期订单处理指示。

九、存货查询及订单分配存货

（一）存货查询

存货查询确认是否有效库存能够满足客户需求，通常称为事先拣货（Prepicking the Order）。系统查对存货档案的相关资料，看此商品是否缺货。

（二）订单分配存货

订单资料输入系统确认无误后，应将大量的订货资料做有效的汇总分类、调拨库存，以便后续的物流作业能有效地进行。存货的分配模式常分为单一订单分配与批次分配两种。

十、计算拣取的标准时间

由于要有计划地安排出货时程，对于每一订单或每批订单可能花费的拣取时间应事先掌握，由此计算订单拣取的标准时间。

十一、订单安排出货时间及拣货顺序

前面对存货状况进行了存货分配，对已分配存货的订单，应安排其出货时间及拣货的先后顺序，通常依照客户需求、拣取标准时间及内部工作负荷来确定。

十二、分配后存货不足的异动处理

若现有的存货数量无法满足客户需求，且客户又不愿以替代品替代时，应依照客户意愿与相应的政策决定应对方式。

十三、订单资料输出

订单资料经处理后，即可列印出货单据，展开后续的物流作业。

（一）拣货单（出库单）

拣货单据的产生提供了商品出库的指示资料，作为拣货的依据。

（二）送货单

物品交货配送时，应附上送货单据给客户清点签收。

本章小结

本章旨在让学生了解订单处理的基本流程及各种状况的应对措施。

自测题

（1）什么是订单处理？

（2）简述订单处理的作业步骤。

课后案例分析

接收订单方式的应用

（1）日本某公司的订货系统包括销售员以手持终端机（Handy Terminal）经由公共电话线以连线方式传回主电脑，或由客户以电话或传真机（Fax）传至主电脑订货。

（2）美国"Super Rite Foods"公司的各店陈列棚上贴有印上条码的棚架标签及价格标签。各店使用"Telexon"公司的手持终端机，用光笔在棚上的标签进行扫描，再输入订购数量，然后订货资料即可由电话线传至总公司的资料中心，订货速度迅速。

（3）在美国智慧商店所发展的一套消费者在家订货的系统中，使用一台接到电视机上的尼尔森（Nielsen）公司的测定器，可测量消费者收看消费频道的次数；再使用一台放置在家中的尼尔森公司的产品扫描器，消费者可直接由电视屏幕扫描采购的商品项目，再电传至公司。

案例思考：

（1）案例中采用了哪些订货方式？

（2）案例中是如何解决客户终端订货问题的？

第三章 车辆调度

【实训目标】

（1）掌握车辆调度的基本条件。

（2）掌握车辆调度的内容和步骤。

【实训条件】

相关案例。

【关键概念】

调度、车辆调度。

【引导案例】

某配送中心有8个用户，到配送中心的距离以及它们之间的相互距离均为已知条件。若每次货运量不超过配送中心作业的最大载货车吨位，那么如何进行车辆配送线路的安排？

案例思考：

（1）配送中心如何管理与客户间的货物运输？

（2）配送中心货物运输的车辆如何管理？

第一节 车辆调度概述

一、车辆调度的概念

车辆调度是指制定行车路线，使车辆在满足一定的约束条件下，有序地通过一系列装货点和卸货点，达到路程最短、费用最小、耗时最少等目标。

物流配送的车辆调度问题早在20世纪的50年代后期就由美国的乔治·伯纳德·丹齐格（Dantzig）和拉姆泽（Ramser）提出。物流配送的车辆调度问题的演变经历了三个发展阶段，即1960—1970年的简单启发方式，1970—1990年的以数学规划为主的启发方式，1990年至今的严谨启发方式和人工智能方法。目前，社会的不断发展和人民生活需求的多样化对物流配送的车辆调度提出了更高的要求，这种要求必然导致车辆调度需要具备一定的因素和满足一定的条件，这些因素和条件决定了车辆调度完成的程度。因此，优秀的车辆调度的运作离不开必要的设施设备和科学的方法的支持。这些支持的具体内容主要有以下几个方面：

（一）车辆调度的制度和方法

做好车辆调度工作涉及的因素较多，因此调度工作制度除了要符合专业运输规定以外，也要符合客户配送作业的特殊情况和要求。一般要建立以下两种制度：调度岗位责任制和调度交接班制。各种制度，都必须有利于调度工作的进行和确保调度的权威，以保证调度员顺利执行其职责。

1. 调度岗位责任制

这项制度规定了调度员的工作责任、工作范围、工作权利，以及正确的工作方法，以保证调度工作正常进行。其具体内容如下：

（1）调度员的责任。调度员是配送作业的直接指挥者，必须对完成配送作业计划负责。调度员不但应组织好当班生产，还应为下一班作业创造有利条件，以实现全面均衡地完成计划。具体来说，调度员的责任有以下几个方面：

①对劳务的质量和工作质量负责；

②对出现不及格的工作质量负监督的责任，并做好善后处理；

③对配送中出现的技术问题、作业问题、车辆问题等负组织解决的责任，并向领导报告；

④对配送中的安全事故负组织抢救、保护现场、向上级和有关上级部门报告的责任；

⑤负责填写当班的记录与记事，对调度日报、台账的准确性、真实性负责。

（2）工作范围。货运作业计划由调度室进行货源平衡后，应会同各分部门共同研究编制。调度室的工作应侧重于作业计划编制的合理性和监督，以及注意执行中发生问题时的补救方法；各分部的调度则主要侧重于作业计划的平衡和实施，以及监督作业的质量。

（3）工作权利。调度员是配送中心经营者在当班时的全权代表。调度员有权向生产部门或个人发布调度命令；有权根据现场实际情况调配车辆和其他设备；有权根据配送需要或上级指示调整车辆的工作循环，以及调动人员和车辆设备去关键环节突击作业。调度员应准确掌握配送和管理信息，做到充分了解现场的确切情况，并使配送、管理信息及时反馈给有关业务部门和有关领导。各业务部门的指导性工作指令则通过调度员及时下达到各生产部门，起着联络和纽带作用。调度员应经常深入现场，了解配送实际，与之保持密切联系。调度室所使用的设备、工具、通信设施或电子计算机等，调度员负责使用和保管，并保持其完好、可靠。调度员还应主持调度会，掌握作业进度。

（4）车辆调度的工作方法。调度部门是配送作业的直接指挥者，担负着组织指挥、管理配送的任务，涉及配送、质量、技术、车辆、设备、安全、检修等部门。因此，调度部门必然要与有关业务部门发生密切的联系，才能做到互通情报，及时解决配送问题。

①与车辆设备管理部门联系。调度部门对配送中的设备状况、检修状况、维护状况要有充分的了解，才能保证生产指挥的准确无误。同时，调度部门要密切与车辆和设备管理部门的联系。因为车辆和设备的检修计划是由车辆和设备管理部门通知调度部门来安排实现的，所以调度部门对车辆和设备发生的问题应反馈给车辆和设备管理部门。

②与计划部门联系。计划部门是配送的主管部门。调度部门在指挥、组织生产时，必须以计划部门提出的月度、年度计划为依据来组织和指挥生产，并根据现场客观情况制定保证计划完成的有效措施（如作业场地的条件准备、足够的货运量、卸货场地的设置与管理等），然后由调度部门具体制订运输方案。因此，调度部门和计划部门必须紧密配合，才能切实保证配送的正常进行。

③与技术部门联系。技术部门具体负责生产中的技术工作，如提出技术要求、监督执行情况、贯彻规范作业等。通过调度部门，可以将技术要求贯彻到实践中去，为配送创造条件，并及时将配送中技术难题的解决情况、技术要求贯彻的情况反馈给技术部门。对技术性较强的问题，应协同技术部门到现场了解情况，及时解决问题。

2. 调度交接班制

配送中心的作业有时是连续性的，其运输部门也实行两班或三班连续作业，因此调度工作也必须有相应的工作时间制度。为确保调度员有条不紊地进行工作，必须有一个严格、责任分明的交接班制度，使调度员之间能相互协调，使每个调度员对配送情况都有基本的了解，并养成通盘考虑工作的习惯。调度交接班制度应包括以下内容：

（1）对于配送的有关安排以及经营管理方针要向接班人员详细交代，并明确有无需要跟踪或注意的事项，做好记录。

（2）对调度室使用的设备、用具、通信设施的使用和运行情况要向接班人员交代。对损坏的用具、设备，要做详细说明和记录，并汇报领导处理。

（3）对配送、质量、车辆、设备、安全情况等进行交接。将当班情况介绍给下班接班人员，如出现了哪些问题、解决的程度以及效果如何等。对无解决条件的要详细交代，并应提出如何解决、组织哪些部门解决的建议，还要做好记录。

（二）车辆调度的技术设备

车辆调度的技术按设备功能可分为以下三类：

（1）电子计算机及其终端设备，用以存贮、处理信息和编制汽车运行作业计划。

（2）反映车辆在途中运行动态的设备，如调度板、运输网络示意图、各种信号与显示装置和工业闭路电视等。

（3）通信设备。由于汽车运输生产具有流动、分散的特点，所以调度机构必须掌握车辆的运行动态，根据变化的情况及时修正运行计划，下达调度命令，实现调度中心与车辆的双向联系（直接与驾驶员联系或经过沿线调度员与驾驶员联系）。用于联系的通信设备主要有有线电话、无线电话（包括语音和数字传输）和各种信号装置。在汽车运行路线固定的条件下，最常用的工具是选号直通电话；对于不固定的路线和长距离路线，常利用市内电话或无线电设备。利用无线电设备时，在调度部门和每辆汽车上都设置无线电话收发机。

二、车辆调度的原则

车辆调度的原则应从以下几个方面考虑：

（一）按制度调度

坚持按制度办事，按车辆使用的范围和对象派车。

（二）科学合理调度

所谓科学性，就是要掌握单位车辆使用的特点和规律。调度合理就是要按照现有车辆的行驶方向，选择最佳的行车路线，不跑弯路，不绕道行驶；在一条线路上重复派车；在一般情况下，车辆不能一次派完，要留备用车辆，以备急需。

（三）灵活机动

所谓灵活机动，就是对于制度没有明确规定而确定需要用车的、情况紧急的，要从实际出发，灵活机动，恰当处理，不能误时误事。

三、车辆调度的程序

（一）做好用车预约

坚持做到当班用车一小时前预约，下午用车上午预约，次日用车当日预约，夜间用车下班前预约，集体活动用车两天（三天）前预约，长途用车三日或一周前预约等。调度对每日用车要心中有数，做好预约登记工作。

（二）做好派车计划

调度根据掌握的用车时间、等车地点、乘车人单位和姓名、乘车人数、行车路线等情况，做计划安排，并将执行任务的司机姓名、车号、出车地点等在调度办公室公布或口头通知司机本人。

（三）做好解释工作

对未能安排上车辆，或变更出车时间的人员，要及时说明情况，做好解释工作，以减少误会，避免造成误事。

调度工作应做到原则性强，坚持按制度办事，不徇私情；要有科学性，掌握单位车辆使用的特点和规律；还要加强预见性，做好车辆强度的准备工作。

四、车辆调度的要求

（一）车辆调度的总体要求

调度员应在配送中心的领导下，进行运力和运量的平衡，合理安排运输，直接组织车辆运行并随时进行监督和检查，保证月度配送计划的实现。

第一，根据配送任务和配送计划，编制车辆运行作业计划，并通过作业运行计划组织内部的各个作业环节，使其形成一个有机的整体，进行有计划的调配，最大限度发挥车辆运输潜力。

第二，掌握货物流量、流向、季节性变化，全面细致地安排配送作业，并针对配送工作中存在的主要问题，及时反映，并向有关部门提出要求，采取措施，保证配送计划的完成。

第三，加强现场管理和运行车辆的调度指挥，根据调运情况，组织合理配送，不断研究和改进配送的调度工作，以最少的人力、物力完成最多的运输任务。

第四，认真贯彻车辆预防保养制度，保证运行车辆能按时调回进行保养，严禁超载，维护车辆技术状况完好。

（二）车辆调度人员的责任

为了做好各项工作，调度部门应设置计划调度员、值班调度员、综合调度员和调度长。

1. 计划调度员的责任

（1）编制、审核车辆平衡方案和车辆运行作业计划，并在工作中贯彻执行，检查总结。

（2）掌握运输计划及重点物资完成情况，及时进行分析研究，提出意见和建议。

2. 值班调度员的责任

（1）正确执行车辆运行计划，发布调度命令，及时处理日常生产中发生的问题，保证上下级调度机构之间的联系。

（2）随时了解配送计划和重点任务完成进度，听取各方面反映，做好调度记录，发现有关情况及时向领导请示、汇报。

（3）随时掌握车况、货况、路况，加强与有关单位的联系，保证单位内外协作。

（4）签发行车路单，详细交代任务和注意事项。

（5）做好车辆动态登记工作，收集行车路单与有关业务单据。

3. 综合调度员的责任

（1）及时统计运力及其分布、增减情况和运行效率指标。

（2）统计安全运输情况。

（3）统计配送作业计划和重点运输完成进度。

（4）统计车辆运行作业计划的完成情况及保养对号率。

（5）及时绘制有关资料的汇总和保管。

4. 调度长的责任

全面领导和安排工作，在调度工作中正确贯彻和执行有关政策法令，充分发挥全组人员的积极性，确保运输任务的完成。

（三）调度工作的"三熟悉、三掌握、两了解"

调度人员通过调查研究，对客观情况必须做到"三熟悉、三掌握、两了解"。

1."三熟悉"

（1）熟悉各种车辆的一般技术性能和技术状况、车型、技种、吨位容积、车身高度、自重、使用性能、拖挂能力、技术设备、修保计划、自编号与牌照号、驾驶员姓名。

（2）熟悉汽车运输的各项规章制度、安全工作条例、交通规则、监理制度的基本内容。

（3）熟悉营运指标完成情况。

2."三掌握"

（1）掌握配送路线、站点分布、装卸现场的条件与能力等情况，加强与有关部门的联系。

（2）掌握货物流量、流向、货种性能、包装规定，不断地分析研究货源物资的分布情况，并能加强与有关部门的联系。

（3）掌握天气变化情况。

3."两了解"

（1）了解驾驶员技术水平和思想情况、个性、特长、主要爱好、身体健康情况、家庭情况等。

（2）了解各种营运单据的处理程序。

（四）车队的工作要求

车队在生产上的工作应围绕和服务于汽车运行，为使运行安排和调度命令能够顺利实施，应做好如下工作：

第一，加强对驾驶人员服从调度指挥教育，对不服从调度指挥的驾驶员应进行帮助和教育。

第二，车队应经常和调度室取得联系，及时将车队的车辆技术状况、驾驶员的身体情况和完成任务情况等告诉调度室，并出席有关业务会议。

第三，驾修合一，车队应按计划保修车辆，提高保修质量，为配送作业提供安全、质好、量大的运输车辆。

第四，及时收集和反映对调度工作的意见，帮助改进调度工作。

第五，车队应主动配合调度部门的工作，不要干预车辆运行。驾驶人员应服从调度指挥，严禁无调度行车，对调度如有意见应向车队和调度室反映，在调度未进行更改以前仍不得拒绝执行。

调度部门编制好车辆运行计划，仅仅是调度工作的开始，更重要的是要保证车辆运行计划的全面实施。在运输生产过程中，调度员既是运输生产的参谋，又是车辆运行的指挥员；既是工人、驾驶员的勤务员，又是宣传员。驾驶员必须听从调度员的指挥。

在行车作业中，驾驶员遇到各种障碍，调度员可以从组织上、技术上给予帮助，消除障碍。凡是作业计划打乱，不能及时完成，调度员可以适当采取措施，调剂运力，恢复正常运行。如果车辆发生故障，也可与调度员联系派车修理。调度员还可以将各种道路、货源、现场、装卸等变化及时通知驾驶员，以免造成不必要的损失。驾驶员在行车中必须听从调度员的指挥，驾驶员还应将行车中发生的千变万化的情况，及时反映给调度部门，以进一步完善货运计划。

五、车辆调度的工作职责

第一，及时填写约车、定车、包车记录，交接班时做好记录，交代清楚需跟进办理的遗留事项。

第二，严格执行考勤制度，登记司机出勤情况，记录司机的出车情况和车辆的动态情况，初审司机路单，发现问题及时上报，互相沟通。

第三，调度员要有全局观念，大公无私，严格执行行车的有关规定，公告司机行车次数。

第四，不断提高业务水平，用车时语言要精练，不谈与业务无关的事。

第五，机动灵活，准确无误地进行调度，千方百计提高车辆周转率。

第六，尽最大努力协调用车人员和驾驶员之间的矛盾。

总体来说，车辆调度员就是司机和用车单位或部门的服务员。

第二节　车辆调度管理的程序

一、日常车辆调度管理流程

常见的物流配送车辆调度管理流程如图 3-1 所示：

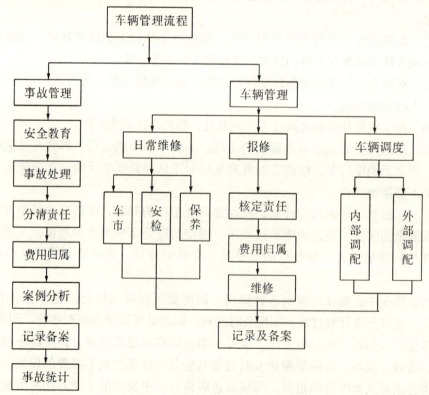

图 3-1　日常车辆调度管理流程图

二、日常车辆调度表格

（一）车辆安排调动表

车辆安排调动表如表 3-1 所示：

表 3-1 车辆安排调动表

年 月

序号	日期	车号	姓名	使用部门	去向	时间	备注

（二）车辆使用申请单

车辆使用申请单如表 3-2 所示：

表 3-2 车辆使用申请单

编号： 填单日期： 年 月 日

部门科室		申请人	
车辆型号		使用时间	
数量		车辆去向	
备注			

申请部门主管： 总务科主管：

（三）车辆维护记录卡

车辆维护记录卡如表 3-3 所示：

表 3-3　　　　　　　　　　　车辆维护记录卡

车型			牌照号码			司机姓名	
序号	日期	维修原因	维修项目	金额	工时	维修人员姓名	备注
1							
2							
3							
4							
5							
6							
7							
8							

（四）车辆油耗记录卡

车辆油耗记录卡如表 3-4 所示：

表 3-4　　　　　　　　　　　车辆油耗记录卡

油卡号：　　　　　车号：　　　　　司机：　　　　　加油站：

日期	油号	用油量	加油人签字

主管签字：　　　　公司盖章：　　　　　　　　　　　　年　月　日

（五）机动车报修审批单

机动车报修审批单如表3-5所示：

表3-5　　　　　　　　　　　　机动车报修审批单

报修部门		报修人		联系电话	
报修车辆类型		牌照号		报修日期	
报修项目					
审批意见					

（六）汽车报修单

汽车报修单如表3-6所示：

表3-6　　　　　　　　　　　　　汽车报修单

报修时间：　年　月　日　时　分

责任主管：　　　　维修：　　　司机：　　　　完修日期：　　年　月　日

报修人（司机）		车型		车牌号	
报修项目：					
修理工（姓名）		开工时间		完工时间		总计工时	
修复措施：					
零部件更换说明：（单价）＿＿＿＿＿＿＿＿＿＿＿＿＿＿＿＿＿＿＿＿					
检验结果：					

（七）汽车维修施工单（代结算单）

汽车维修施工单（代结算单）如表 3-7 所示：

表 3-7　　　　　　　　　汽车维修施工单（代结算单）

承修单位：　　　　　　　　　　　　　　　　　　　　　　年　月　日

托修单位		联系电话		工作单号		
车型厂商		牌照号码		发动机号		
维修分类		约定交车日期		结算方式		
随车附件列表	□刹车灯	□示宽灯	□牌照灯	□车内灯	□大灯	□门窗玻璃	需修理在□内打√
	□收录机	□反光镜	□遮阳板	□烟缸	□喇叭	□靠垫座套	
	□空调器	□室内镜	□转向灯	□脚垫	□标牌	□车门拉手	
	□手工具	□雨刷器	□天线	□电扇		□轴头亮盖	
	□点烟器	□千斤顶	□备胎	□摇把			

序号	修理项目	工时

托修留言		结算	
		工费		外加工费	
		料费		税金	
		喷漆费		
		总计	

经办人：　　　　　　　　　　　　出厂日期：　　年　月　日

（八）出入车辆登记单

出入车辆登记单如表 3-8 所示：

表 3-8　　　　　　　　　　　　　　出入车辆登记单

车牌	司机	出入时间	车况	备注

第三节　危险品车辆安全管理流程

一、危险品车辆管理概述

根据国家相关规定，目前运营的危险品运输车辆均已强制加装全球定位系统（GPS）设备以确保运输的安全性。统一安装和发放危险品运营车辆安全管理系统和管理卡（IC卡，下同），以方便监管部门的统一管理，同时也能方便配送中心的日常运营使用，简化各种手续。危险品车辆安全管理是配送过程中较为特殊的运作形式，就目前的配送运作来说，这种危险品的运作机会越来越多，为此有必要对这类物品的车辆管理有所熟悉和把握。危险品车辆管理涉及监管和实施两个环节，因此其管理内容大体包括以下有关内容：

第一，对交管部门来说，根据上述要求可保障当外地危险品运输车辆进入本地后即可得知，并对其一并进行实时监控，大大提高了外地车辆在本地运输危险品的安全性。同时，也防止了在出现安全事故时无据可查的情况，为事后的处理工作有效地降低了难度。

第二，对从事危险品行业的配送中心来说，根据上述要求不仅可满足监管部门的实际要求，同时能为实际运营中提供方便的管理手段与科学的作业方式。配送中心可以全面地掌握各批次危险品的运输情况与结果，有效避免尤其是在运输途中将会发生的各种危险情况。

二、危险品车辆管理系统和管理卡

1. 危险品车辆管理系统

危险品车辆管理系统如同物联网运作的性质一样，是由监管部门、运输实施单位和网络及设施设备组成的系统。通过区域范围内的监管与实施单位的网络连接，使危险品的车辆管理变成实时监控，信息共享，从而达到了安全运营的目的。

2. 管理卡

管理卡基本信息包括：车辆检测信息、公司资质信息、危险品运营证件、驾驶人员资质等。

管理卡附件信息包括：运输任务和违规记录。

管理卡的具体功能如图3-2所示：

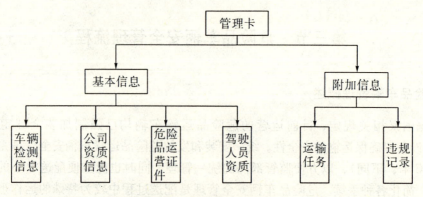

图 3-2　管理卡的具体内容

管理卡的办理和领取要经过监管部门的审批，对符合条件的运输企业可办理该卡。

三、无需审批的货物运输作业流程

货物危险等级低无需审批的货物运输作业流程如图 3-3 所示：

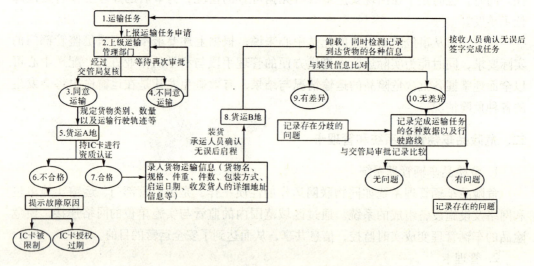

图 3-3　货物危险等级低无需审批的货物运输作业流程

四、需审批的货物运输作业流程

货物危险等级高需审批的货物运输作业流程如图 3-4 所示：

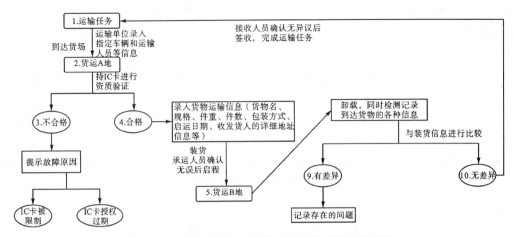

图 3-4 货物危险等级高需审批的货物运输作业流程

本章小结

本章主要旨在使学生了解车辆调度管理办法和流程。

自测题

（1）危险品车辆调度管理的流程是什么？

（2）车辆调度的管理方法有哪些？

课后案例分析

日本佐川急便公司的运输配送体制

一、佐川急便公司的五个运输要素

（一）据点网

在全国各地的每个地区有 400 多个据点（1998 年）。

（二）收集和递送体制

各据点的收集和递送体制是用户服务的重要因素。各地都有因地制宜的收集和递送体制。

（三）道路网

联结据点和据点的是道路运输网。佐川急便公司不分昼夜地利用这个道路网。

（四）信息网

建立可整理和综合各种信息的信息系统。佐川急便公司开发各种各样的系统在全国范围内使用。对于一年处理 10 亿件以上货物的佐川急便公司来说，这个信息系统可以称为"生命线"。

（五）营业驾驶员

上述四个要素尽管很重要，但是企业最重要的"生命线"、最重要的商品还是营业驾驶员。

二、佐川急便公司的据点网，用"2 店"和"2 中心"对 2 个区域 6 000 多个据点进行管理

佐川急便公司将日本全国分为 12 个区域进行管理。分区的理由，除与公司发展历史有关以外，也与日本的气候风土、商业文化圈密切相关。

（一）主营店

在各区域设立几家成为核心的主营店，以这些店为中心，管理附近的小型店。主营店的特征是设施规模非常大，是运输过程中不可缺少的重要基地，管理本店和周围小店每天的现金授受业务，并且是独立的法人。大规模的主营店配有 100 多辆车，设在当地行政要地或交通发达的地区，连接周围小型店的到达和发送。

（二）小型店

在主营店的周围，行星般散布着的小规模的店便是小型店。有些小型店配置的车辆不到 10 辆，为了营业覆盖全国，配置得非常缜密。这些小型店的到达和发送量都不大，有些业务还委托给主营店。全国大部分地区由这些小型店来覆盖，大多数这些小型店附近都有卫星城市或郡部，是公司需要强化的店。

（三）运输中转中心

运输中转中心主要完成货物的分拣、集运等功能。由于日本的劳动力很贵，因此有必要实现机械化，削减劳动力。又因为城市近郊的地价非常昂贵，所以设计为高位立体仓库，且站台的面积很小，这就使货物到达后的分类变得非常繁杂，必须使用电子数据传递（EDI）、条形码等技术来实施作业。

（四）佐川物资流通中心

佐川物资流通中心的主要功能是受托开展顾客货物的保管、加工、发送等业务，遇业务量大时，还积极利用外部的仓库。流通中心的目标是满足顾客的所有要求，满足从简单的保管业务到大规模的第三方物流业务。

三、收集和递送货物的主角

（一）收集和递送货物的主角是驾驶员

驾驶员的职责如下：

（1）负责货物的收集和递送、收款以及其他营业活动。

（2）有义务负责一条路线的顾客管理（负责顾客的发送内容）和营业额的管理。

（3）负责出发前的车辆运行检查、运行过程中的检视等车辆管理工作（修理、验车时替代车的安排，新车购买计划由专业的运行管理部门负责）。

（4）驾驶员经常在傍晚 6 点左右独自一个人卸货。

（5）为保证路线上自己负责的顾客所希望的到达时间，驾驶员必须计算本路线上车辆的出发时间、回到公司的时间以及卸货的时间。

（二）驾驶员一天的工作程序

驾驶员一天的工作明细表如表1所示：

表1   **驾驶员一天的工作明细表**

公司内的工作	路线上的工作	公司内的工作
出勤打卡	路线上送货	回公司打卡
装车工作	路线上收集货物	发货工作
运输前检查	收款业务	账单管理
运行前打卡	推销业务	进款工作
营业报告		
下班打卡		

（1）出勤打卡后，将自己的车开到指定的地点，按路线上的先后次序装货，因为一边读进读卡器，一边装货，所以若不掌握路线的情况，无法将货物顺序装好。

（2）收到运行人员的指令后出发（打卡）。

（3）在公司分工进行的路线上的业务，基本上是由一个人来完成的。有些路线为递送货物，多次往返于路线和据点之间；有些路线为收集货物，多次往返于路线和据点之间；有些路线为收集和递送货物，多次往返于路线和据点之间。其中有些长路线上的车，从早到晚无法回到公司；有些车是在途中装上货物的，有些车则是因为收集的货物装不下，所以换成大型车后再收集。总之，许多工作内容因路线而异。

（三）驾驶员的发送货物业务

驾驶员回到公司，在货台上进行发送货物的业务。首先驾驶员读进读卡器，把货物放到传送带上，然后传送带根据条形码，把货物吸进指定的路线通道。货物被装进路线车时，出库必须读进读卡器，可以理解成只要有货物的移动，就读进读卡器。

（四）回公司后的工作

回到公司后除了卸货以外，驾驶员还有许多工作要做，如收款进款、收据等账单的管理，纸面上的报告书，虽不写很多，但上司报告营业情况等许多工作，需在短时间内完成。

四、佐川急便公司不分昼夜地利用道路运输网的5类车辆

（一）直达车

直达车指直接店与店之间的直达货物，这种形式对货物的拖延或损坏很少，是理想的送货方式。

（二）路过一个店的车

这种方式只能适合于有一定规模的店之间采用，并且路过店必须在中间的理想位置。在这种路线方式中，因为终点只有一个，可实施接近于上述直达店的制度。但同时也存在一些问题，有时在第一个发货店的装载量过多，或在第二个发货店可能出现较多货物装不下。因为每天的发货量最终还是由顾客来决定，所以截止到发货开始之前无法完全掌握每个到达地的货物量，且在全国范围内每天有350万件货物在移动，

要实行顾客运输的可行性必须依靠先进的信息系统。

（三）路过数家店的车

这种方式和上面路过一个店的车恰恰相反，是从一个店发车，按顺序路过数家店依次卸货。这需要在货箱内按每个中间停车店分好货物，这样必然会使装载量有所降低，又因在中途停下来卸货，在大城市有时遇上塞车，到达第二个、第三个店铺的时间会晚点。尽管如此，在离大型店较远的据点发货时还常用这种方式。采用这种方式时，公司要求路线车一到就快速卸货，以便能早点开往下一个店铺。

（四）由数家店集中货物发直达车

单用自家店的货物无法构成货物或路过货物时，将货物送到各店，集中几个店的货物再组成直达货物的方式。这种方式的优点是集中几个店铺的货物，比较容易平复货物数量的波动，相对可降低整体成本。对货物量较多的店铺来说，一天会发送好几次货物，因此早发送的货物早到目的地的可能性会增强。这种方式的缺点是货物必须装卸数次，需要多次分类，故需要大规模的分类设备，经营成本会增加。此外，分类失误及货物受损的可能性会增加，因此应加强预防。

（五）数家店的货物集中到达车

这种方式是从具有一定送货量的店铺发送到主营店或母店等区域内具有横向路线的据点，再转送到最终目的方式。其优点是可以缓解发货一方的集中作业量。其缺点是除了集中发货的多次装卸以外，当发货时间晚点时，晚到终点的可能性加大。此外，如上所述集中到达据点送货时，有些地区还需集中收集。

五、信息网——保障佐川急便公司一年处理10亿件以上货物的"生命线"

佐川急便公司每天利用近400个物资流通中心及城市中心的大规模中转站等进行据点间的运输，还有店对店、区域对区域也进行着各种方式的据点间运输。这个系统可比喻成人体的各部位，集配网是毛细血管，路线运输网是大动脉，据点是各自起作用的内脏器官。正如人体如果没有神经就无法正常运转一样，物流系统也需要神经，即需要信息网，佐川急便公司的信息网领先于其他企业。现代的信息系统是开放式的信息系统，便于与用户沟通，能够实现迅速地在全国范围内的数据交换。在重要地区设立数据中心可以保管和加工大量的数据，还能瞬时变更信息，完全能够应付顾客的查询需要。以输入送货单数据的扫描仪为核心的佐川急便公司的信息系统在日本国内属一流水平。

（一）联结顾客和佐川急便公司的各种信息仪器

（1）佐川急便公司出租给重要客户的"飞传Ⅴ"发货补助系统。

（2）送货单，即通过有线联网由"飞传Ⅴ"来传递，送货单全部使用条形码。

（3）不干胶标签，即由信息系统打印出来，上面印着运输所需的所有信息数据，包括到货店的号码、目的地地址和记录货物跟踪的条形码。

（4）PDT，即便携数据末端机，靠它扫描条形码就能收到货物和顾客的有关数据。

"飞传Ⅴ"正在被新一代的"飞传Ⅴ"所代替，新一代的"飞传Ⅴ"从人性性能上来说改进了多功能电话机，以低廉的价格提供给用户。

此外，还可利用传统的通信工具，如电话、手机等。

（二）利用信息系统管理业务

（1）利用复写的送货单和 PDT 里的信息，计算顾客应付款额。

（2）将应付款数额与已付数额相对照，实施债权管理。

（3）将上述大量的数据按路线、班、科、店、法人及区域、全国为单位统计，制作用于评价业绩的基础数据。

（4）利用各种数据库给顾客提供各种服务系统，受托建立并管理满足各种要求的信息系统。

（5）每天管理超过 8 000 辆车的干线输送系统也在运行中。该系统是管理复杂的运行路线的变化及核对从协作单位的催款等管理中不可缺少的系统。该系统还对每次出车的经费、装载货物个数及体积等具体数据进行核对管理。

（6）劳务管理系统。从人事信息、出勤情况、工资计算到食堂的自动售饭菜计算等完成很多业务。

（7）以区域为单位，还有数不胜数的由通用计算机、主机、个人计算机所组成的区域独立的系统。

六、营业驾驶员是企业最重要的"生命线"

（一）基础信息管理

基础信息管理包括驾驶证管理、驾驶经历管理和人事管理三个大项目。

（二）受处分情况管理

这主要是管理行车事故情况及业务上受处分情况。每天有 2 万多辆车在日本全国各地行走，因此减少交通事故是公司的重要课题。为达到这个目的就需要进行各种信息分析，包括以消灭交通事故为目的调查事故原因和养护事故的对策，公司越大，在这方面越要注意。此外，加入保险以备发生事故等情况也应进行严密的管理。

（三）以驾驶员为首的人才管理

实施以安全驾驶为主的各种职工教育，如企业文化、微机使用、故障排除及业务训练等。在录用时及以后定期对驾驶员进行驾驶适应能力诊断。

案例思考：

（1）佐川急便公司如何对配送车辆进行管理？

（2）佐川急便公司如何进行配送信息的反馈？

第四章　配送路线安排

【实训目标】

(1) 掌握配送线路选择的方法。

(2) 掌握车辆配送线路优化的方法。

【实训条件】

管理案例。

【关键概念】

配送路线。

【引导案例】

李宁公司物流管理

李宁公司成立于 1990 年，经过 20 余年的探索，已逐步成为代表中国的、国际领先的运动品牌公司。李宁公司采取多品牌业务发展策略，除拥有自有核心品牌——"李宁（LI-NING）"外，还拥有"乐途（LOTTO）""艾高（AIGLE）""新动（Z-DO）"。此外，李宁公司控股上海红双喜公司，全资收购凯胜体育公司。2004 年 6 月在香港上市以后，李宁公司业绩连续 6 年保持高幅增长。李宁公司的销售网络遍布中国大地，截至 2009 年年底，李宁公司店铺总数达到 8 156 间，遍布中国 1 800 多个城市，并且在东南亚、中亚、欧洲等地区拥有多家销售网点。国际著名体育品牌"耐克"在中国的物流分拨时间是 7 天，而李宁公司的物流分拨时间只有 4 天半，李宁公司物流绩效的优秀由此可见一斑。李宁公司在物流策略上拥有更胜一筹的"独家秘籍"，那就是在物流运输服务、仓储配送、物流信息化上善打组合拳。

第一，寻找最适合的物流商并科学地管理。在选择物流公司时，国内的很多企业总是相信大型物流公司。而李宁公司不找最大的物流公司，只找最适合的物流公司。同时，李宁公司在物流承运合同中加上了一条："无论发生什么情况，李宁公司的货物首先发。"在确定承运商之后，李宁公司还非常重视对承运商的动态管理，并对其进行绩效考核和追踪控制。李宁公司物流部会亲自监控每一个考核指标的完成情况。所有物流承运商都必须每天上报报表，包括货单号、提货时间、发货时间以及事故分析原因等。与此同时，李宁公司物流部设有运输追踪机构，专门负责电话追踪经销商、专卖店，形成承运商在一个月内的编程。参照这些编程，李宁公司每个月都会给承运商打分，把数据报表向承运商公布，要求其针对不足限期整改。依靠这种严格的动态管理制度，承运商的服务水平不断提高。这一点很多公司都是可以借鉴的，只要选择了合适的物流商，加上物流商对公司足够重视的话，完全能够像李宁公司一样与其制定严格的管理制度，从而创造出有货即发，即发即到的高效率服务。

　　第二，整合储运统一分拨。李宁公司在全国共有两个一级配送中心：一个位于北京五里店，负责长江以北地区的产品配送；另一个在广东三水，负责长江以南地区的产品配送。李宁公司在全国共有 13 个分公司，各自下辖的仓库是二三级配送中心。为了集中网络优势促进销售，李宁公司一边把全国 13 个分公司的物流储运部整合起来，设立物流中心进行统一管理，一边推行按销售地入仓的做法。这种新做法试行一年之后，已经达到了三个目标：一是在广东生产的产品，一部分发往北京，一部送到三水，分拨距离短、速度快；二是由于减少了运送环节，不仅成本降低了，接到订单后货物在 36 小时内可到达所有的门店，对当地的销售反应非常及时；三是整车运输的成本低于零散运输的成本，按销售地点入仓所耗费的运力实际上等同于做批发的车辆运力，由于大部分里程都是长途干线运输，因此整车价格比小批量送到门店的成本要低得多。也许很多中小型公司并不能像李宁公司一样拥有如此强大的配送中心，但是就算是小的配送中心，也要选择交通便利的中心城市和合理的配送运输方式，才能将分公司的物流低成本地联系起来，既划算又高效。

　　第三，依靠科技提升仓储水平。和其他生产企业一样，李宁公司也曾一度面临这样的现实问题：减少库存可以在很大程度上减少成本，然而减少库存要在保证安全库存量的前提下进行，即配送中心必须有一定的储存量。因此，李宁公司决定以没有原料库、成品库为目标，在可控范围内压缩库存时间。经过一段时间的试行，在反思了整个物流过程的各个指标之后，李宁公司发现其货物拣配时间比不上第三方物流公司，于是决定在货物拣配时首先分清产品大类，然后再根据不同的款式、色码上架。另外，李宁公司投资改造了仓库，而且在改造过程中非常注重细节。比如为了选择合适的货架，不同的货架在仓库里按照不同的发货需求和货品属性依次排开。分清货物的类别大部分的公司都能做到，可是要科学地区分，并且方便查找和运送，就得学习参照李宁公司在这方面的做法。李宁公司在其物流方面确实做到了低成本、高速度，贵在其方法得当。

案例思考：

（1）李宁物流部如何科学管理配送过程？

（2）李宁物流部如何利用仓储的布点提升配送效率？

第一节　配送路线的选择

一、配送路线的定义

配送路线是指送货车辆向各个用户送货时所经过的路线。

二、配送路线的选择的内容

配送路线的制定是一项涉及面较广、环境条件要求较高的经验性工作。同时，配送路线选择的是否合理与配送速度、车辆的合理利用、配送费用有着直接关系，配送线路的选择也是配送工作中优化的主要问题之一。目前采用科学合理的方法来确定配送路线是配送活动中非常重要的一项工作。配送路线选择的内容主要如下：

（一）确定目标

配送路线目标的选择是根据配送的具体要求、配送中心的实力以及客观条件来确定的。配送线路的规划目标可以有以下列举的多种选择：

（1）以效益最高为目标，即以利润最大化为目标。

（2）以成本最低为目标，最终还是以效益最高为目标。

（3）以路程最短为目标，成本与路程的相关性较强的情况下使用。

（4）以吨公里数最小为目标，这是节约里程法采用的目标。

（5）以准确性最高为目标，以客户服务的满意度为指标。

在进行目标选择时可以根据具体情况酌情处理。

（二）确定配送路线的约束条件

确定配送路线常见的配送约束条件有以下几项：

（1）满足所有收货人对货物品种、规格、数量的要求。

（2）满足收货人对货物送达时间范围的要求。

（3）在允许通行的时间段内进行配送。

（4）配送路线的货物量不得超过车辆容积和载重量的限制。

（5）在配送中心现有运力允许的范围内配送。

配送路线的约束条件是做好配送路线选择的重要依据，在选择配送路线时应重点把握这一内容。

三、确定配送路线的方法

确定配送路线的方法有许多种，以下介绍几种常见的选择方法。

（一）经验判断法

经验判断法是指利用行车人员的经验来选择配送路线的一种主观判断方法。经验判断的基本做法是以司机习惯行驶路线和道路行驶规定等为基本标准拟定出几个不同的方案，通过倾听有经验的司机和送货人员的意见，或者直接由配送管理人员凭经验做出判断，进而决定正确的行驶路线。这种方法的决策质量取决于决策者对运输车辆、用户的地理位置和交通线路情况掌握的程度，以及决策者的分析判断能力与经验。这种方法通常在配送路线的影响因素较多，难以用某种确定的数学关系表达时，或难以以某种单项依据评定时采用。这种方法尽管缺乏科学性，易受掌握信息详尽程度的限制，但是运作方式简单、快速、方便。

（二）综合评价法

综合评价法是指能够拟订出多种配送路线方案，且评价指标明确，只是部分指标难以量化，或对某一项指标有突出的强调与要求，从而采用加权评分的方式来确定配送路线的一种方法。

综合评价法的步骤主要如下：

（1）拟订配送路线方案。

（2）确定评价指标。

（3）对方案进行综合评分。

例如，某配送中心在选择配送路线方案时确定了10项评价指标，分别是配送全过程的配送距离、行车时间、配送准时性、行车难易、动用车辆台次数、油耗情况、车辆状况、运送量、配送用户数、配送总费用。配送路线方案评分表如表4-1所示。每个评分标准分为5个档次，并赋予不同的分值，即极差（0分）、差（1分）、较好（2分）、良好（3分）、最优（4分），满分为40分。然后在表中为各配送路线方案评分，根据最后的评分结果，在各个方案之间进行比较，最后确定配送路线。

表 4-1 配送路线方案评分表

序号	评价指标	极差	差	较好	良好	最优
1	配送全过程的配送距离					
2	行车时间					
3	配送准时性					
4	行车难易					
5	动用车辆台次数					
6	油耗情况					
7	车辆状况					
8	运送量					
9	配送用户数					
10	配送总费用					

（三）影响因素法

1. 客观因素

（1）各路段允许通行的时间限制。在某些路段的固定时间段内，不允许某些类型的配送车辆通行，因此设计配送路线时应当考虑到各路段允许通行的时间限制。

（2）运输工具载重能力的限制。车、船、飞机都具有一定的额定载重量，超重会影响运输安全，因此设计配送路线时必须保证所承载的货物总重不超过运输工具的载重能力。

（3）积载能力的限制。积载能力是指受产品具体尺寸、形状以及运输工具空间利用程度的影响。例如，某些物品由于尺寸、密度、形状等方面比较特殊以及超重、超长等特性，使运输工具不能很好地装载，浪费了运输工具的空间，提高了配送成本。

（4）自然因素的限制。自然因素包括气象条件和地形条件等。尽管现代运输手段越来越发达，受自然因素的影响相对减少，但是自然因素仍是不可忽视的影响因素之一。例如，采用航空运输方式进行物流配送时，必须考虑到起运地、到货地以及配送路线沿途各地是否存在恶劣的气候条件，如存在这样的情况，就要考虑重新调整配送路线。

（5）其他不可抗力因素的限制。不可抗力事件的范围较广，一般分为两种情况：一种是由于自然力量引起的事件，如水灾、旱灾、冰灾、雪灾、雷电、火灾、暴风雨、地震、海啸等；另一种是由于政治或社会原因引起的事件，如政府颁布禁令、调整政策制度、罢工、暴动、骚乱、战争等。这些因素有时会产生严重的后果，为了规避风险，应当对此进行充分估计并对配送路线进行相应的改进。

2. 主观因素

（1）收货人对货物的要求。收货人对于货物的品种、规格、数量都有一定的具体要求，配送时应综合考虑如何配装才能使同一条配送路线上所配送的货物均符合用户的要求。

（2）收货人对货物送达时间的要求。在零库存的运行机制中，收货人对货物送达时间的要求已经显得越来越重要，即时配送已经成为越来越多用户的普遍要求。因此，配送中心为了保证服务质量，在设计配送路线时必须充分满足收货人对货物送达时间的要求。

（3）收货人对地点的要求。供应链一体化要求每个组织都成为供应链上的一个环节，任何一个环节的失误都会造成供应链的断裂，对于配送可达性的要求很高。因此，收货人对送货地点的要求直接影响到配送路线的选择。

第二节　配送路线优化的方法

配送路线优化是规划配送路线和更好地利用配送设备的使用时间，并符合客户的服务要求，进而使车辆和司机的利用率达到最佳。尽管现实中有各种各样的路线计划问题，但是我们可将其分为以下几种不同的类型：

一、单一出发地和单一目的地

这一类型的优化方法是运用简单直接的最短路线法。我们常使用项目管理中的网络计划技术的关键路线法的思路求最短路径法。

例题4-1：已知单一出发点 A 和单一目的地 J（见图4-1），请分析最短践径。

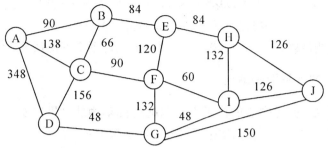

图 4-1　路径里程示意图（单位：千米）

解：起点为 A 点，终点为 J 点。从 A 点出发，将路径 AB、AC、AD 三段比较后，AB 段最短为 90 千米，选择路径 AB；到达 B 点后，先比较路径 BE、BC，路径 BC 为 66 千米，为最短路径，选择 BC 路径；到达 C 点，选择 CF、FI、IJ 路径到达 J 点，总路径为 90+66+90+60+126 = 432 千米。再来比较路径 BE，选择 EH、HJ 路径，到达 J 点，总路径为 90+84+84+126 = 384 千米，后一路径比前一路径短，故选择后一路径为实际配送路径。这种方法选择起来比较简单直观，现实中经常使用。

二、多出发地和多目的地

实际配送中常有多个供应商供给多个工厂的问题，或是不同工厂生产的产品供给不同客户的问题。在这类问题中，常用最短距离分配的原则来处理。

最短距离分配的原则是把最短距离的运输道路优先采用或选择，并予以配置适当的运量，来完成运输任务的一种方法。

例题4-2：如图4-2 所示，某一制造商有三个工厂分别为 1、2、3，且同时有三家供应商 A、B、C。工厂 1、2、3 的需求量分别为 600 吨、500 吨、300 吨，而 A、B、C 的供应量分别也有限制。A 最大的供应量为 400 吨，B 最大的供应量为 700 吨，C 最大的供应量为 500 吨。请用最短距离原则分配供应量。

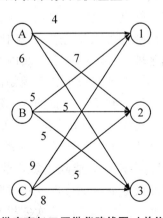

图 4-2　供应商与工厂供货路线图（单位：千米）

解：

总吨公里＝400×4+200×5+200×5+300×5+300×5＝6 600（此种方式计算的结果应是唯一的总吨公里数最小，故其配送路线也是最佳路径）

这是典型的线性规划的问题，也可用 EXCEL 的规划求解得到最佳供应路线计划。

三、出发地和目的地是同一地点

我们可以用区域配送中心的例子来说明配送的车辆从这里出发，再回到这里，从而完成配送任务。这类问题我们用标尺旋转定额法来解决问题。

例题4-3：某公司要从分布广泛的地点收集商品，并将其汇集到一个仓库。每一地点每天都有一定量的商品需要收集。如图4-3所示，每辆卡车的载重量为 10 000 千克，并且每天只运输一次。要决策的问题是：该公司需要多少辆卡才能车完成当天的任务？卡车收取商品的顺序如何安排？

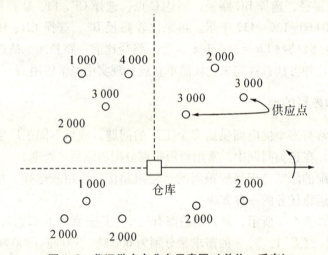

图4-3 货运供应点分布示意图（单位：千克）

解：从平面图中可看出，收货点分布较广，每天需要收集必要的货物。根据这类情况，我们在平面图上以起点、终点的仓库为原点，在图上用实线箭头线表示旋转标尺，逆时针旋转实线箭头线，在箭头线旋转经过区域内收集货物的数量达到一辆货车的装载额定量时，为一个规划区域。表示在这个区域内可用一辆车完成收集货物的任务。实线箭头线继续逆时针旋转，直到完成第二个规划区域为止。此规划区域表示要用第二辆车装运的货物。这样继续旋转下去，直到红色箭头线旋转一周，完成平面图上所有收集点的作业分置区域，旋转一周有几个区就需要几辆车装运货物。

根据这一操作思路，图4-3中用旋转箭头旋转一周可将其分为三个规划区域，见图中虚线划分。每个区域内都用一辆车完成收集货物的任务。因此，根据题意可知：需要3辆车完成当天任务。卡车收取商品的顺序安排要看实际情况需要，若是装卸较简单、所用时间较短，可按照箭头旋转的方向依次安排收货顺序，当天用一辆车循环完成所有收货任务；若需要一定的装车时间、装车较麻烦，那就需要每天安排三辆车一次性完成当天的作业任务。

四、最短路线法

解决最短线路问题的方法有很多，现以位势法为例，说明解决物流网络中的最短线路问题。

例题4-4：已知物流网络如图4-4所示，各结点分别表示为A、B、C、D、E、F、G、H、I、J、K，各结点之间的距离如图中所示。供应点为A，客户为K，试确定各结点间的最短线路。

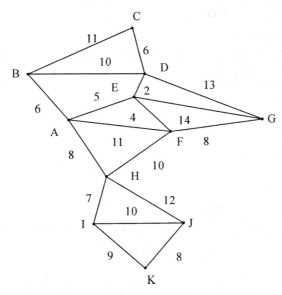

图4-4 物流网络示意图（单位略）

采用最短线路法的步骤如下：

第一步：选择货物供应点为初始结点，并取其位势值为"零"，即 $V_i = 0$。

第二步：考虑与I点直接相连的所有线路结点。设其初始结点的位势值为 V_i，则其终止结点J的位势值可按下式确定：

$$V_j = V_i + L_{ij}$$

式中：L_{ij} 表示I点与J点之间的距离。

第三步：从所得到的所有位势值中选出最小者，此值便为从初始结点到该点的最短距离，将其标在该结点旁的方框内，并用箭头标出该线段IJ，以此表示从I点到J点的最短线路走法。

第四步：重复以上步骤，直到物流网络中所有的结点的位势值均达到最小为止。

最终各结点的位势值表示从初始结点到该点的最短距离。带箭头的各条连线则组成了从初始结点到其余结点的最短线路。分别以各点为初始结点，重复上述步骤，便可以得出各结点之间的最短距离。

上述步骤实例说明如下：

根据例题4-4中的内容，在图4-4中试寻找从供应点A到客户K的最短线路。

根据以上解题步骤，计算如下：

（1）取 $V_A = 0$。

（2）确定与 A 点直接相连的所有结点的位势值：

$V_B = V_A + L_{AB} = 0 + 6 = 6$

$V_E = V_A + L_{AE} = 0 + 5 = 5$

$V_F = V_A + L_{AF} = 0 + 11 = 11$

$V_H = V_A + L_{AH} = 0 + 8 = 8$

（3）从所得的所有位势值中选择最小值 $V_E = 5$，标注在对应结点 E 点旁边的方框，并用箭头标出连线 AE。有下式成立：

$\min\{V_B, V_E, V_F, V_H\} = \min\{6, 5, 11, 8\} = V_E = 5$

（4）以 E 点为初始结点，计算与之直接相连的 D、G、F 点的位势值（如果同一结点有多个位势值，则只保留最小者）。

$V_D = V_E + L_{ED} = 5 + 2 = 7$

$V_G = V_E + L_{EG} = 5 + 14 = 19$

$V_F = V_E + L_{EF} = 5 + 4 = 9$

（5）从所得的所有剩余位势值中选出最小者 6，并标注在对应的结点 F 点旁，同时用箭头标出连线 AB，即

$\min\{V_B, V_H, V_D, V_G, V_F\} = \min\{6, 8, 7, 19, 9\} = V_B = 6$

（6）以 B 点为初始结点，与之直接相连的结点有 D、C 点，它们的位势值分别为 16 和 17。从所得的所有剩余位势值中取最小值，即

$\min\{8, 7, 19, 9, 17\} = V_D = 7$

将最小位势值 7 标注在与之相应的 D 点旁边的方框内，并用箭头标出其连线 ED。

如此继续计算，可得最优路线如图 4-5 所示，由供应点 A 到客户 K 的最短距离为 24。

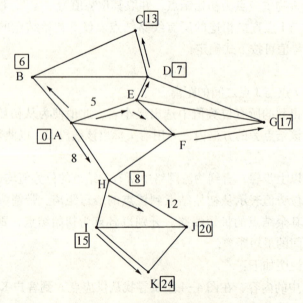

图 4-5　最优路线图（单位略）

依照上述方法，将物流网络中的每一结点当成初始结点，并使其位势值等于"零"，然后进行计算，可得所有结点之间的最短距离，如表4-2所示：

表4-2 　　　　　　　　　　　　结点之间的最短距离表

物流网结点	A	B	C	D	E	F	G	H	I	J	K
A	0	6	13	7	5	9	17	8	15	20	24
B	6	0	11	10	11	15	23	14	21	26	30
C	13	11	0	6	8	12	19	21	28	33	37
D	7	10	6	0	2	6	13	15	22	27	31
E	5	11	8	2	0	4	12	13	20	25	29
F	9	15	12	6	4	0	8	10	17	22	26
G	17	23	19	13	12	8	0	15	22	27	31
H	8	14	21	15	13	10	15	0	7	12	16
I	15	21	28	22	20	17	22	7	0	10	9
J	20	16	33	27	25	22	27	12	10	0	8
K	24	30	37	31	29	26	31	16	9	8	0

五、节约里程法

节约里程法的核心思想是依次将运输问题中的两个回路合并为一个回路，每次使合并后的总运输距离减小的幅度最大，直到达到一辆车的额定装载量时，再进行下一辆车的优化。

利用节约里程法确定配送路线的主要出发点是根据配送中心的运输能力和配送中心到各个用户以及各个用户之间的距离来制订总的车辆运输的吨公里数最小的配送方案。

除了上述提出的核心思想和主要出发点以外，节约里程法还需满足以下条件；

第一，所有用户的要求；

第二，不使任何一辆车超载；

第三，每辆车每天的总运行时间或行驶里程不超过规定的上限；

第四，用户到货时间要求。

例题4-5：设配送中心向7个用户配送货物，其配送路线网络、配送中心与用户的距离以及用户之间的距离如图4-6与表4-3所示。图4-6中括号内的数字表示客户的需求量（单位：吨），线路上的数字表示两结点之间的距离（单位：千米），现配送中心有2台4吨卡车和2台6吨卡车可供使用。

（1）试用节约里程法制订最优的配送方案。

（2）设配送中心在向用户配送货物过程中单位时间平均支出成本为45元，假定卡车行驶的平均速度为25千米/小时，试比较优化后的方案比单独向各用户分送可节约多少费用？

（3）配送货物的运输量是多少？

（4）配送货物的周转量是多少？

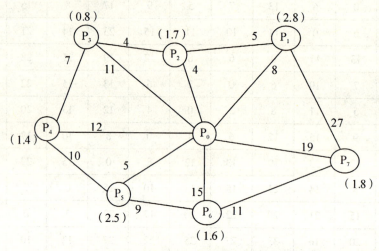

图4-6 配送网络图（单位：吨、千米）

表4-3   运输里程表   单位：吨、千米

需要量	P_0						
2.8	8	P_1					
1.7	4	5	P_2				
0.8	11	9	4	P_3			
1.4	12	16	11	7	P_4		
2.5	5	13	9	13	10	P_5	
1.6	15	22	18	22	19	9	P_6
1.8	19	27	23	30	30	20	11	P_7

解：（1）先优化配送路线，计算节约里程数。

第一步：根据运输里程表，按节约里程公式，求出相应的节约里程数，如表4-4括号内数字所示：

表 4-4　　　　　　　　　　　　运输里程表　　　　　　　　　单位：吨、千米

需要量	P_0	P_1	P_2	P_3	P_4	P_5	P_6	P_7
2.8	8	P_1						
1.7	4	5（7）	P_2					
0.8	11	9（10）	4（11）	P_3				
1.4	12	16（4）	11（5）	7（16）	P_4			
2.5	5	13（0）	9（0）	13（3）	10（7）	P_5		
1.6	15	22（1）	18（1）	22（4）	19（8）	9（11）	P_6	
1.8	19	27（0）	23（0）	30（0）	30（1）	20（4）	11（23）	P_7

第二步：按节约里程数大小的顺序排序，如表 4-5 所示：

表 4-5　　　　　　　　　　节约里程数排序表

序号	路线	节约里程（千米）	序号	路线	节约里程（千米）
1	P_6P_7	23	9	P_2P_4	5
2	P_3P_4	16	10	P_3P_6	4
3	P_2P_3	11	11	P_1P_4	4
4	P_5P_6	11	12	P_5P_7	4
5	P_1P_3	10	13	P_3P_5	3
6	P_4P_6	8	14	P_1P_6	1
7	P_4P_5	7	15	P_2P_6	1
8	P_1P_2	7	16	P_4P_7	1

第三步：按节约里程数大小组成配送路线图（如图 4-7 所示）。

配送路线如下：

P_5—P_6—P_7 组成共同配送，节约里程 = 11+23 = 34 千米，配送重量 = 2.5+1.6+1.8 = 5.9 吨，使用一辆 6 吨卡车配送。

P_4—P_3—P_2 组成共同配送，节约里程 = 16+11 = 27 千米，配送重量 = 1.4+0.8+1.7 = 3.9 吨，使用一辆 4 吨卡车配送。

③P_1 单独送货，配送重量为 2.8 吨，使用一台 4 吨卡车配送。

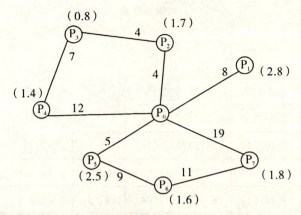

图 4-7　配送路线图（单位：吨、千米）

优化后的配送线路共节约里程 △S＝34+27＝61（千米）。

（2）根据题意，节省的配送时间计算如下：

$$\triangle T=\frac{61}{25}=2.44\text{（小时）}$$

节省的费用计算如下：

P＝ F×△T＝45×2.44＝109.8（元）

（3）周转量＝5.9×34+3.9×27+2.8×8＝328.3（吨）

（4）运输量＝5.9+3.9+2.8＝12.6（吨）

本章小结

本章主要学习配送路线的优化，要理解配送路线优化的思路和出发点，掌握配送路线优化的方法。

自测题

（1）配送路线优化的约束条件有哪些？

（2）配送路线优化的方法有几种？请说明各种配送路线优化方法的基本思路和要求分别是什么？

课后案例分析

配货中心的车辆调度优化
——以上海联华便利商业有限公司为例

上海联华便利商业有限公司是上海较早成立且发展十分迅速的连锁经营便利店公司，至今在上海地区已开了400多家自营、合资以及加盟便利门店，同时又以合资等形式发展到江苏、浙江、辽宁、新疆等地。

随着我国商业现代化改造，连锁经营、便利店等商业模式不断涌现，取得了良好的经济效益与社会效益。

便利店，顾名思义是一种提供便利的商店。一般来说其营业面积不大，约在60~100平方米左右，有数名工作人员，能提供3000种左右人们日常生活必需的小商品，并能提供一些人们日常所需的服务。便利店每天的营业时间一般长达16小时，或者24小时通宵服务。由于营业面积不大，便利店可以深入各个居民小区、车站等，贴近人们的生活，给人们带来了极大的方便。现在人们不难在各居民小区、各条马路上发现便利店的身影。由于便利店规模较小，因此在管理上更显重要。便利店采用连锁经营的方式，所有下属便利门店采用统一的企业形象设计，使用统一的管理模式，能取得很好的品牌效应。统一的进货方式可保证所进商品的质量，同时降低采购成本。统一的销售价格又可使顾客感到满意和放心。该公司经过几年来的努力，已取得了良好的经营业绩。

上海联华便利商业有限公司（以下简称公司）各便利店所供商品的进货渠道主要有以下三个方面。少部分鲜活商品（如面包、牛奶、蔬菜等）每天由供货商直接送到各便利门店（以下简称门店）。公司自己建有一个冷冻仓库，负责各门店冷冻商品的供应，如冷冻肉食、禽类、速冻食品等。公司还有一个配货中心，负责其他常温商品的供应，如酒类、饮料、日用小商品等。门店根据各自的经营状况，在要货当日的上午10时前，将要货信息输入电脑，经通信线路传送到有关配货中心和冷冻仓库，而配货中心等收到各门店的要货信息，经汇总后组织好相应商品，及时送到各门店。

公司规定各门店每两天可要货一次。按目前400多家门店的总规模，每天要货的门店达200多家，且分布在全市各个地方。冷冻仓库由于供应品种较少，根据经验每辆送货汽车一次满载可送20家门店，每天每车送货2次，现有车辆6辆。配货中心由于供应品种较多，共有车辆11辆。如何合理地调度这些送货车辆，在保证各门店要货能及时得到满足的前提下，使送货车辆经过的路途最少，是一件十分有意义的工作。

这里仅考虑配货中心的某一辆车负责分送位于杨浦区的10家门店的情况，其实际的地理位置见图1，图中的五角星分别表示各门店的位置。

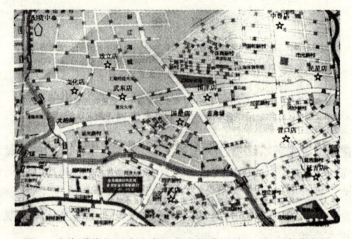

图1　上海联华便利商业有限公司杨浦区的10家门店分布图

　　对地理位置图进行分析，根据各条马路的实际情况，去掉明显不需要、不合理的线路，可将问题抽象成送货路线图2（单位：百米）。

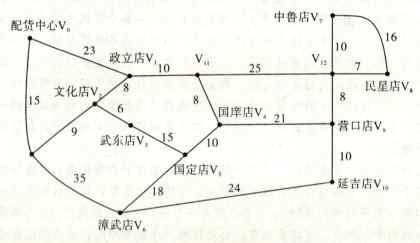

图2　送货路线示意图1

　　配货中心为 V_0，V_1 至 V_{10} 分别为10家送货的门店，在重要路口增加了3个结点 V_{11} 至 V_{13}。根据实际距离测量出各结点之间的距离，列于相关边的上方，单位为百米。

　　调度优化可分为四个步骤（限于篇幅，有关具体的计算方法和步骤略去）。

　　第一步：考虑到送货车辆从配货中心出发，必须要到达所有的门店，故可采用最小数方法，生成最小数，将配货中心与各门店连接起来，见图3（单位：百米），图3中的粗线部分即为最小数，它将配货中心与10家门店连接起来，同时可使总的线路长度为最小。在最小数中包含了两个路口结点 V_{11} 和 V_{12}。

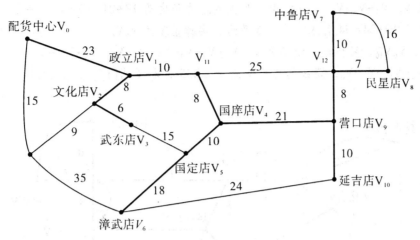

图3 送货路线示意图2

第二步：考虑到从配货中心出发的送货车辆，在送完所有门店货物后，仍需要返回配货中心，故再需对已生成的最小数采用中国邮递员线路的算法进行扩充。在计算时要注意到，可以利用原图中的所有的边，进行边的扩充。

在图3中，奇点有 V_0、V_1、V_3、V_4、V_6、V_7、V_8、V_9、V_{10}、V_{12}。因此，需增加边 V_3V_5，重复边 V_0V_1、V_5V_6、V_4V_9、V_9V_{10}、V_7V_{12}、V_8V_{12}、V_9V_{12} 7条，得图4（单位：百米）。

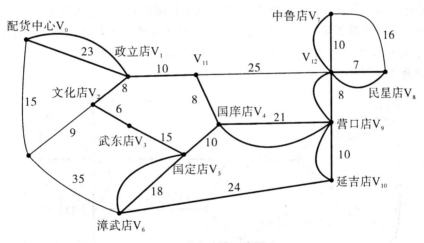

图4 送货路线示意图3

图4中的粗线部分已给出了送货车辆从配货中心出发，送货到10家门店后返回到配货中心的具体路线，即 V_0-V_1-V_2-V_3-V_5-V_6-V_5-V_4-V_9-V_{10}-V_9-V_{12}-V_7-V_{12}-V_8-V_{12}-V_9-V_4-V_{11}-V_1-V_0。路线的总长度为251百米。

第三步：进一步优化行车路线，使其加重复边的长度之和小于不加重复边的长度之和。检查图中所有的圈，此时要使用图中所有的边，即包含尚不在行车线路的边。

可以发现圈 V_7-V_8-V_{12}-V_7 加重复边的长度为 $10+7=17$ 百米，而不加重复边的长度为16百米，故要改进，去掉重复边 V_7V_{12}、V_8V_{12}，而增加边 V_7V_8。

在圈 V_6-V_5-V_4-V_9-V_{10}-V_6 中，加重复边的长度为 $18+21+10=49$ 百米，不加重复边的长度为 $10+24=34$ 百米。故也要改进，去掉重复边 V_5V_6、V_4V_9、V_9V_{10}，增加重复边 V_4V_5、V_6V_{10}，可得送货线路为 V_0-V_1-V_2-V_3-V_5-V_6-V_{10}-V_9-V_{12}-V_7-V_8-V_{12}-V_9-V_4-V_5-V_4-V_{11}-V_1-V_0，路线的总长度减少为 235 百米（见图5）。总长度较之前减少了 16 百米。

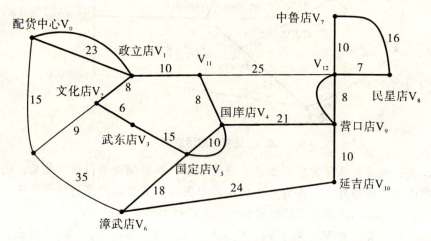

图 5　送货路线示意图 4

第四步：检查有重复边的线路是否是多余的，即检查重复边的两端是否已有其他线路相连通，如有的话，可将重复边连同原边从线路图中删去。可发现重复边 V_4V_5 的两端可通过其他线路相连，故可将 V_4V_5 连同其他重复边一起从路线图中删去，可得最优线路为 V_0-V_1-V_2-V_3-V_5-V_6-V_{10}-V_9-V_{12}-V_7-V_8-V_{12}-V_9-V_4-V_{11}-V_1-V_0。线路的总长度减少为 215 百米（见图6）。

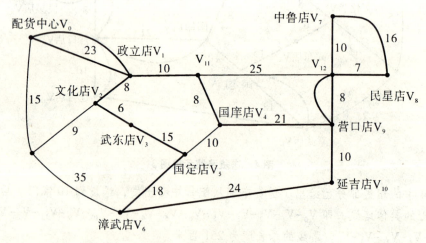

图 6　送货路线示意图 5

案例思考：

（1）上海联华对各门店是如何规划配送路线的？

（2）配送路线规划使用了什么方法？

第五章　配送管理信息

【实训目标】

（1）掌握配送管理信息系统的类型。

（2）掌握配送管理信息系统的用途。

（3）熟悉配送管理信息系统的操作。

【实训条件】

相关管理信息系统或其他类型的管理信息操作软件。

【关键概念】

信息、信息系统、配送管理信息系统。

【引导案例】

沃尔玛公司的后勤保障系统

沃尔玛公司是美国乃至世界上最大的零售商。其成功的秘密就在于它能做到以比竞争对手低的价格将商品送到超市的货架上。要做到这一点，库存更新价值流是关键。沃尔玛公司为此设计了一个复杂的后勤保障系统。该系统需要以最小的费用批量购进商品，然后在恰当的时间以恰当的数量将恰当的商品分配到各个超市。从超市的收款条码阅读器收集的信息被传送给各负责控制的计算机。由于系统是交叉核对的，同样可借助条形码阅读器对库存进行监控。这种"交叉入库"系统通过信息平台的有关功能，对交叉核对中的商品进行选择、替换和（向各超市）快速分发。仓库与其说是存储的设备，不如说是一个中转场地。"交叉入库"系统使沃尔玛公司能够买整车的货物，因此可以支付较低的价格，并可以在较少存储费用的情况下迅速将这些货物分发到各超市。沃尔玛公司正是通过利用信息技术重建战略价值流来获得竞争优势和超常规发展的。

案例思考：

（1）沃尔玛公司的"交叉入库"系统由哪些部分组成？

（2）沃尔玛公司的"交叉入库"系统起到哪些作用？

第一节　配送管理信息系统的相关概念

一、信息

信息从特指上来说是音信、消息、通信系统传输和处理的对象。信息从泛指上来说是人类社会传播的一切内容。信息是对客观事实的表示，是可以通信并能形成知识。信息具有以下 8 个属性：

（一）事实性

事实性是信息的核心价值。不符合事实的信息不仅没有价值，而且其价值可能为负面的。

（二）传输性

信息可以在时间上或在空间中从一点传递到另一点。

（三）扩散性

信息扩散性一方面是指有利于其传播；另一方面是指扩散能造成信息的贬值。

（四）增值性

信息增值性一方面是指在使用中会产生价值；另一方面是指信息在使用中会不断丰富。

（五）层次性

层次性包括战略级、战术级和执行级。

（六）滞后性

信息滞后性是指信息需要进行加工处理或传播，因此信息总是落后于事务的发生时间。

（七）不完全性

由于人类对事物本身认识的局限性，导致信息总是不完全的。

（八）共享性

信息不会因为"传播"而损失，信息可以复制，集中存放，还可以共享。

二、信息系统

信息系统是指对数据进行采集、处理、存储、管理、检索和传递，必要时向有关人员提供有用信息的系统。信息系统具有以下功能：

（一）数据的采集和输入

数据采集就是把分布在各部门、各处有关的数据收集起来，转化成信息系统所需的形式。

（二）数据的处理

对数值型数据进行的各种算术运算，对非数值型数据的排序、转换、提取等都视为对数据的加工和处理。

（三）数据的存储

根据系统的目标要求确定信息存储的类型、保存时间、存储方式（集中和分散）。

（四）数据的传输

这是指采用一定的方法和设备，实现信息从发方到收方及时、迅速、安全、可靠的流动。

（五）信息的管理

这是指对系统中数据的采集、加工、传输、输出、使用等的统一管理和控制。

（六）信息的使用

信息的使用包括两个方面：一方面是技术；另一方面是实现价值转换。

三、管理信息系统

管理信息系统是指一个以人为主导，利用计算机硬件、软件、网络通信设备以及其他办公设备，进行信息的收集、传输、加工、储存、更新和维护，以提高效益和效率为目的的，支持企业高层决策、中层控制、基层运作的集成化的人机系统。管理信息系统包括以下4个主要特性：

第一，主题性。主题性是为解决某一领域的问题而存在的，是面向具体管理决策的人工系统。

第二，系统性。管理信息系统的系统性包括以下三层含义：

一是信息系统开发涉及人、财、物等多方面的资源，需要进行整体的协调；

二是信息系统开发要综合考虑各个方面的因素；

三是信息系统的开发需要软硬件协作完成特定的系统功能，需要管理和技术的双重支持。

第三，人机系统。

第四，现代管理方法与手段相结合的系统。

四、配送管理信息系统

（一）配送管理信息系统概述

配送管理信息系统具有管理信息系统的4个特性。配送管理信息系统是物流配送信息化的核心，有较强的综合性，主要目的是向各配送点提供配送信息，根据订货查询库存及配送能力，发出配送指令和发货通知及结算指令，汇总与反馈配送信息。

（二）配送管理信息系统的类型

按信息系统的功能分类可分为事物处理信息系统、办公自动化系统、管理信息系统、决策支持系统、高层支持系统、企业间信息系统。

按管理决策的层次分类可分为作业管理系统、协调控制系统、决策支持系统。

按系统的应用对象分类可分为面向制造企业的物流管理信息系统，面向零售商、中间商、供应商的物流管理信息系统，面向企业物流的物流管理信息系统，面向第三方物流企业的物流信息系统。

按系统采用的技术分类可分为单机系统，内部网络系统，与合作伙伴、客户互联的系统。

第二节　配送管理信息系统的结构

配送管理信息系统是通过使用计算机技术、通信技术、网络技术等手段，以提高配送信息处理和传递速度为要求，使配送活动的效率和快速反应能力得到提高。配送管理信息系统主要由以下 4 大部分构成，如图 5-1 所示：

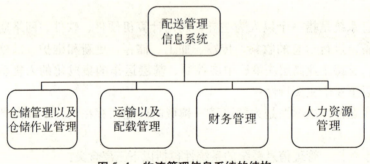

图 5-1　物流管理信息系统的结构

一、仓储管理以及仓储作业管理

仓储管理以及仓储作业管理系统统称为仓储管理系统（Warehouse Management System，WMS）。仓储管理以及仓储作业管理系统的主要功能如下：

（一）物料管理

物料管理主要有以下几个功能：

1. 物料属性与分类的管理

物料属性分类方法有两种：一种方法是代码继承式分类，这种方法通过代码分段方式建立物料的属性分类，使相同属性物料在排序上归为一类，容易管理。但是该方法随着物料种类的增加造成代码过长、字段过多且不同物料属性类别使用同一字段造成管理不便，在数据存储上表现为稀疏矩阵，浪费存储资源。另一种方法是采用属性结构表方式进行物料属性的定义。首先定义物料的分类以及分类属性，然后再定义属性值，其结构就像金字塔型。在这种分类方法中，可以做到物料代码的编撰方式与物料属性无关，分类可以无限增加。同时，采用属性结构表方式建立物料属性的描述体系，可以在统一数据库系统中表达不同的属性描述类别，但是不存在属性类别的浪费和字段空值过多的稀疏矩阵状况的出现。

2. 物料的存储描述

物料属性就是物料的存储属性，主要包括了下列信息内容：

（1）物料的存储信息，包括存储地区、仓库、仓库内的存储区域以及货架储位。

（2）物料的库存信息，包括物料的存储库存和在途库存。

（二）仓储作业计划

仓储作业计划是通过采集收发货品订单以及根据系统中的仓储配置数据，并结合系统中已经设定的作业规则（Process Rule），在规定的时间内完成的作业计划，仓储作业计划主要包括以下内容：

（1）收货上架；

（2）拣货；

（3）补货；

（4）码头装载。

（三）仓储作业执行控制

仓储管理系统是通过硬件设备和条码设备辅助完成仓储作业计划。仓储作业系统不仅是计划管理系统，更是业务执行管理系统。

（四）仓储资源管理

仓储资源管理包括仓储结构、仓储设备以及仓储作业人员等资源的管理。其功能主要体现在仓储设备的合理调配、提高设备完好率、提高场地利用率、合理组织仓储作业人员等方面。

（五）作业成本管理

随着企业生产逐步由大而全走向分工合作和专业化方向，仓储将不会只对企业的一个部门或几个部门提供服务，会逐步走向集团企业内仓储中心或以第三方物流服务的形式出现。仓储作业将会从成本中心走向费用中心，最终走向新的利润中心。因此，仓储管理系统（WMS）会提供基于作业的成本管理系统，帮助仓储作业管理人员精确地核算仓储作业成本，为进一步优化仓储管理，提高仓储效率奠定基础。

二、运输以及配载管理

运输管理是配送信息管理系统的主要子系统，主要管理内容有运输工具管理（车、船、飞机等）、运输环境管理（运输线路、站点和地图）、人员管理（驾驶员、装载人员以及管理人员等）、运单管理（运单、运输计划排程等）、运输成本核算（人员成本、运输资源成本、能源消耗核算控制等）、优化管理（路径优化、运输能力优化以及服务优化等）、客户管理（客户订单服务、查询等）、跟踪管理（包括采用全球定位系统和短信服务等系统实现的运输跟踪管理)。

三、财务管理

财务管理主要完成与企业财务相关的管理功能。例如，SAP 公司的 SBO 软件中的财务管理功能如图 5-2 所示：

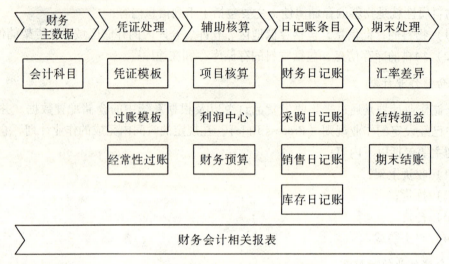

图 5-2　财务管理子系统的功能结构图

四、人力资源管理

人力资源管理主要是针对作业人员的管理，包括了人员属性记录、工作经验记录以及岗位经验记录和奖惩记录。

第三节　配送管理信息系统的用途

物流配送管理信息系统的用途主要体现在以下几个方面：

（一）业务管理

主要用于配送中心的入库、验收、分拣、堆码、组配、发货、出库、输入进（发）货数量、打印货物单据和便于仓库保管人员正确进行货物的确认等。

（二）统计查询

主要用于配送中心的入库、出库、残损及库存信息的统计查询，可按相应的货物编号、分类，便于供应商、客户和仓库保管人员进行统计查询。

（三）库存盘点

主要用于配送中心的货物盘点清单制作、盘点清单打印、盘点数据输入、盘点货物确认、盘点结束确认、盘点利润统计、盘点货物查询、浏览统计、盘亏盘盈统计，便于实行经济核算。

（四）库存分析

主要用于配送中心的库存货物结构变动的分析和各种货物库存量、品种结构的分析，便于分析库存货物是否存在积压和短缺问题。

（五）库存管理

一是用于对库存货物的上限或下限报警，即对库存货物数量高于或低于合理库存上限或下限的货物进行信息提示。二是用于库存呆滞货物报警，对入库但没有出库的货物进行信息提示。三是用于货物缺货报警，对库存货物为零但又未及时订货的货物进行信息提示，便于对在库货物进行动态管理。

（六）库存货物保质期报警

主要用于对库存货物的保质期进行查询，便于仓库对在库货物进行质量管理，及时处理超过保质期的货物，提高货物库存质量。

（七）货位调整

主要用于配送中心对库存货物的货位进行调整和查询，以便仓库管理人员掌握各种货物的存放情况，便于仓库及时准确地查找在库货物。

（八）账目管理

主要用于配送中心核算某一时段的每种货物明细账、每类货物的分类账和全部在库货物的总账，便于仓库实行经济核算。

（九）条码打印

主要用于配送中心的货物自编条码打印、货物原有条码打印等，便于仓库实行条码管理，自动生成打印各种货物的条码。

第四节　配送管理信息系统的用法

下面以前述 SPA 公司的 SBO 软件为例，介绍其"拣配与包装"功能的使用方法。

一、审批清单

路径：菜单→库存→拣配和包装→审批清单。

（一）选择标准

选择标准见图 5-3。

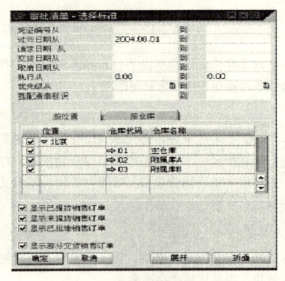

图 5-3 审批清单—选择标准

（1）拣配清单标识："拣配清单"中所示的"拣配人"。

（2）显示已提货销售订单：将所有已全部提货的销售订单显示出来。

（3）显示未提货销售订单：将所有未提货的销售订单显示出来。

（4）显示已批准销售订单：将所有经过审批的销售订单显示出来。

（5）显示部分交货销售订单：将部分交货的销售订单显示出来。

（二）审批清单

审批清单见图 5-4。

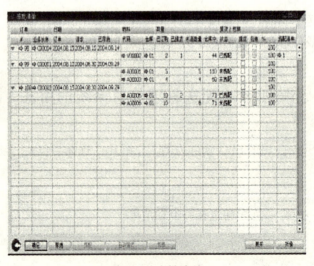

图 5-4 审批清单

（1）"拣配"按钮：自动生成拣配清单。

（2）"自动提货"按钮：自动生成拣配清单。

（3）"包装"按钮：自动生成销售交货单。

（4）"展开"按钮：将订单的详细情况按行显示。

（5）"折叠"按钮：将每张订单显示为一行。

注意：

第一，所有订单在生成时，其状态默认为"未拣配"。

第二，所有已创建销售交货单的物料，其状态为"已拣配"。

第三，"已拣配"的物料数量，来源有两个，即已创建销售交货单；在拣配清单中设置状态为"已拣配"（"已拣配"的物料状态通过"拣配清单"判断）。

第四，"已拣配"的物料可能已经出库，也可能未出库。无导航箭头：由销售交货单创建，即此数据的物料已经出库。有导航箭头：在"拣配清单"中设置，但此物料还未出库。

第五，数量涉及以下四类：

已订购：采购订单中的数量。

已提货：已经创建了交货单的数量，或状态为"已拣配"的数量。

未清数量：未进入到"已拣配"环节的物料数量。

仓库中：仓库中物料的实际数量。

二、拣配清单

路径：菜单→库存→拣配和包装→拣配清单。

在审批清单进行过"拣配"或"提货"处理后，会在拣配清单中显示出这些拣配单据。拣配清单见图5-5。

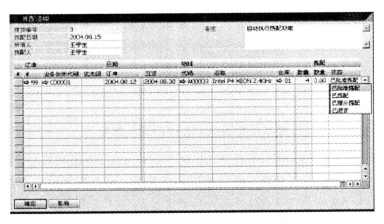

图5-5 拣配清单

（一）状态

提供四个选择标准，不会对库存的数量产生影响，可以作为查询的标准。

（1）已批准拣配：允许进行拣配，但是还未执行。

（2）已拣配：已经通过拣配。

（3）已部分拣配：已经部分通过拣配。

（4）已退货：要求退货的数量。

（二）数量

在选择"已拣配、已部分拣配、已退货"的时候，必须录入数量。

本章小结

本章主要阐述了配送管理信息系统相关概念、配送管理信息系统的结构、配送管理信息系统的用途、配送管理信息系统的用法。

自测题

（1）什么是信息？

（2）什么是系统？

（3）什么是信息系统？

（4）什么是管理信息系统？

（5）什么是配送管理信息系统？

（6）分析你熟悉的某快递企业的快递单涉及哪些管理信息？

（7）以 SBO 软件为例，请写出它的"拣配与包装"功能的使用方法，并使用该功能完成某种物品的拣配与包装。

（8）请选择一家企业进行调查，分析它的配送管理信息系统的类型、结构和用途。

课后案例分析

联华超市配送中心条码解决方案

联华超市股份有限公司（以下简称联华超市）是当今国内连锁零售业的领军企业，其总部设在上海，连锁门店已经扩张到全国各个区域。联华超市现有便利店、标准门店、大卖场三种业态的门店 1 000 多家，多种资产结构（自营、加盟、合资合作）并存。联华超市建有 2 个常温配送中心和 1 个生鲜配送中心。

近年来，面对国际连锁商业巨头大举进入中国抢滩，联华超市面向全国"跳跃式"地布点，规模扩张明显提速。目前，联华超市已发展至 1 900 家门店，2002 年平均每天开业 2.5 家网点。2002 年 1 月至 11 月，联华超市销售额同比增长 27.84%，利润总额同比增长 55.7%。在外资商业、民营商业日益崛起，各种商业业态竞争更加激烈的情况下，国有控股的联华超市力克群雄。1999—2000 年，联华超市销售额连续两年位列中国零售业榜首。2001 年，联华超市销售规模再次刷新纪录，突破 140 亿元。一艘巨大的本土商品零售业航母隐约浮出水面。

中国加入世界贸易组织后，联华超市在新的国际国内环境下，积极与国际实业开展合作，巧借外力运作资本，先后吸纳上实资产经营有限公司、日本三菱商事株式会社等公司入股，将国有独资公司改制为"内外联合"控股的上海联华超市有限公司，引进资金8 000多万元；以合资方式开拓市郊及外省市市场，吸收跨地区、跨所有制的社会资本5 500多万元。资本"瓶颈"一旦打开，联华超市如虎添翼。联华超市相继收购百家便利、东方超值、南京长江超市、苏州百汇、杭州金龙万家福等众多连锁企业，参与药品零售、食品加工等相关业态，又吸纳社会资本1.2亿元，联华超市有了突飞猛进的发展。

一、企业对信息化的需求

随着企业资本"瓶颈"的打开，联华超市的扩张速度日益加快。1996年后，联华超市以平均每两天新开1家门店的速度发展，到2001年年底，联华超市门店规模已达1 225家，为全国之最，网络覆盖面上升到10个省80多个城市，整体效益可观。但是联华超市规模扩张的提速，在传统管理模式上很快暴露出不少深层次的矛盾和问题，首当其冲的就是传统的物流已经不能适应公司庞大的便利店销售网络中商品的顺畅流通。建立现代化物流系统从而降低物流成本成为联华超市在竞争中掌握先机的关键。

联华超市成立之初就拥有了统一采购、统一配送等现代连锁商业的特征。但是与国际商业巨头相比，则"形似而神不似"。例如，从门店订货到总部配送完全靠手工操作，手续相当繁复，效率低下。有位门店店长说："下大雨时雨伞卖得断档，当你及时发出订货单后，雨伞根本不会在半天内送到，伞到了，雨早停了。"放眼世界，沃尔玛公司等世界商业巨头已开始用卫星传输信息，跨国商品的调配就像在本地一样迅捷。面对如此巨大的差异，联华超市的企业决策层决定将信息化项目推上去。

联华超市结合国际的先进经验，充分考虑自身实际情况，因地制宜，为便利店"量体裁衣"，设计了一套完整的解决方案，即利用现有的建筑物改建成物流中心，采用仓储管理系统（Warehouse Management System，WMS）实现整个配送中心的全计算机控制和管理，而在具体操作中实现半自动化，以货架形式来保管，以上海先达条码技术有限公司提供的无线数据终端进行实时物流操作，以自动化流水线来输送，以数字拣选系统来拣选。另外，在设备的选择方面也采取进口货与国产货合理搭配。这个方案既导入了先进的物流理念，提升了物流管理水平，又兼顾了联华超市便利店配送商品价值低、物流中心投资额有限的实际情况。在整个方案设计里，不求一步到位，不求设备的先进性，而是力求使合理的投入得到较高的回报。

二、配送中心应用信息化项目的作业流程

（一）进货入库

进货后，立即由仓储管理系统进行登记处理，生成入库指示单，同时发出是否能入库的指示。如果仓库容量已满，无法入库时，系统将发出向附近仓库入库的指示。接到系统发出的入库指示后，工作人员将货物堆放在空托盘上，并用手持终端对该托盘的号码及进货品种、数量、保质期等数据进行进货登记输入。

在入库登记处理后，工作人员用手动叉车将货物搬运至入库品运载装置处。按下入库开始按钮，入库运载装置开始上升，将货物送上入库输送带。在货物传输过程中系统将对货物进行称重和检测，不符合要求（超重、超长、超宽等），系统将指示其退出；符合要求，方可输送至运载升降机。

根据输送带侧面安装的条码阅读器对托盘条码确认，计算机将对托盘货物的保管和输送目的地发出指示。当接到向第一层搬送指示的托盘在经过升降机平台时，不再需要上下搬运，将直接从当前位置经过第一层的入库输送带自动分配到第一层入库区等待入库。接到向第二层至第四层搬送指示的托盘，将由托盘升降机自动传输到所需楼层。当升降机到达指定楼层后，由各层的入库输送带自动搬运货物到入库区。

货物在下平台前，根据入库输送带侧面设置的条码阅读器将托盘号码输入计算机，并根据该托盘情况对照货位情况，发出入库指示，然后由叉车从输送带上取下托盘。叉车作业者根据手持终端指示的货位号将托盘入库，经确认后在库货位数进行更新。

（二）商品拣选

当根据订单进行配货时，仓储管理系统会发出出库指示，各层平台上设置的激光打印机根据指示打印出货单。在出库单上，货物根据拣选路径依次打印。这是系统中的商店号码显示器显示出需要配送的商店号码，数据显示器显示出需要拣选的数量，同时工作人员在空笼车上的塑料袋里插好出库单，在黑板上写上楼层号和商店号，并将空笼车送到仓库。做好以上准备后，方可进行商品拣选工作。

工作人员在确认笼车在黑板上记载的商店号码与商店号码显示器显示的一致后，开始进行拣选工作。根据货位上数码显示器显示拣选的数量，依次进行拣选。数码显示器配备的指示灯可以显示三种不同颜色，分别对应箱、包、件三种不同的拣选单位，以满足各种拣选需求。当拣选作业结束后，按"完了"按钮。

各平台仓库分成 17 个拣选区域，区域内拣选结束后，区域拣选"完了"指示灯会自动闪亮，工作人员再按下区域拣选"完了"按钮，便可继续进行下一个区域的拣选工作。当各个区域内所有拣选处理结束后，系统将自动显示出下一个商店的拣选数据。

（三）笼车出库

当全部区域拣选结束后，装有商品的笼车由笼车升降机送至第一层。工作人员将不同商店分散在多台笼车上的商品归总分类，附上交货单，依照送货平台上显示器显示的商店号码将笼车送到等待中对应的运输车辆上。计算机配车系统将根据门店远近合理安排配车路线。

（四）托盘回收

出货完成后，工作人员将空托盘堆放在各层的空托盘平台返回输送带上，然后由垂直升降机将空托盘传送至第一层，并由第一层进货区域的空托盘自动收集机收集起来，随后送到进货区域的平台上堆放整齐。

三、信息化项目实施效果

信息化项目的实施为企业带来了较高的生产效率和经济效益，联华超市充分运用信息化技术上在上海建成了第一个大型智能化物流配送中心和第一个现代化生鲜加工配送中心，总面积达 56 713 平方米。条码、扫描仪、铲车、计算机房、门店的计算机……组成了现代化信息物流系统，在具体的实际运作中收到了良好的经济效益和社会效益。例如，百货类配送，从门店发出要货指令到配货作业完毕，以前要 4 小时以上，现在只要 40 分钟。生鲜类配送更加讲究效率，门店从网上发出要货指令后，配送中心会根据每个门店的要货时间和地点远近，自动安排生产次序，自动加工，自动包装。以一盒肉糜为例，从原料投入到包装完毕，整个过程不超过 20 分钟。

原来为联华超市便利店配送的配送中心，场地狭小、科技含量低、人力资源浪费。每天的拆零商品在 1 万箱左右，单店商品拆零配置时间约需 4 分钟，人工分拣的拆零差错率达 0.6%，而且每天只能配送 200 多家门店。

联华超市便利店配送中心建成后，以其高效率、低差错率和人性化设计受到各界的好评。物流中心所有操作均由计算机中心的仓储管理系统管理，将库存信息与企业资源计划（ERP）系统连接，使采购、发货有据可依。新物流中心库存商品可达 10 万箱，每天拆零商品可达成 3 万箱，商品周转期从原来的 14 天缩短到 3.5 天，库存积压资金大大降低；采用摘取式电子标签拣货系统（DPS）取代人工拣选，使差错率减少到万分之一，配送时间从每门店用时 4 分钟压缩到每门店用时 1.5 分钟，每天可配送 400 多家门店，配送准确率、门店满意度等有了大幅提升，同时降低了物流成本在整个销售额中所占的比例，从而为联华超市的便利店业态的良好稳定发展奠定了坚实的基础。

联华超市借鉴过去在信息化建设中的成功经验，在现有基础上继续加大科技投入，进一步加强企业的信息化科学管理规范，使企业在新的国际化市场竞争中不断做大、做强，力争跻身于国际零售业强林。

（资料来源：王自勤．物流管理概论［M］．杭州：浙江大学出版社，2004）

案例思考：

（1）联华超市配送中心信息化作业流程包括哪些内容？

（2）说说现代配送中心信息化发展的趋势。

第六章　进货

【实训目标】

(1) 了解进货、存货业务流程。

(2) 掌握进货单证处理。

(3) 掌握存货单证及实物管理。

【实训条件】

进货单证、存货单证。

【关键概念】

进货流程、货物编码。

【引导案例】

2014 年 12 月 2 日，M 物流公司客服部收到 A 公司发来的入库通知单，请理货员根据实际情况对这批货物进行入库作业。入库通知单内容如表 1 所示：

表 1　　　　　　　　　　入库通知单

M 物流公司：

我司现有一批熟食类快消品——巧嘴鱼仔，委托邮优货运公司运送至贵公司储存，请安排接收，具体产品如下：

编号	货号	货品名称	型号(厘米)	单位	数量	包装	包装尺寸	备注
1	4987631.23B	巧嘴鱼仔（泡椒味）	15×20×8	箱	997	纸箱		
2	4938489.21B	巧嘴鱼仔（酱汁味）	15×20×8	箱	892	纸箱		
3	4932866.20B	巧嘴鱼仔（酸菜味）	15×20×8	箱	783	纸箱		

请在 2014 年 12 月 5 日前完成入库。联系人：张华　电话：023-77365593

鑫旺有限贸易公司
2014 年 12 月 2 日

案例思考：

请协助该公司理货员完成货物入库作业。

第一节 进货流程

进货作业是实现商品配送的前置工作，是配送的基础环节，是决定配送成败与否、配送规模大小的基础环节，更是决定配送效益高低的关键环节。通常进货作业是指配送组织方——配送中心或其他配送节点，为配送业务的顺利实施而进行的准备货物的一系列活动，具体包括货物实体的领取，从货车上将货物卸下、开箱，检查其数量、质量，以及将有关信息书面化等工作。具体进货流程如图6-1所示：

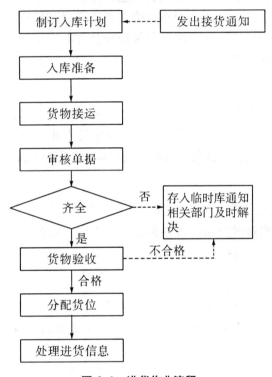

图6-1 进货作业流程

一、制订入库计划

入库作业计划是指仓储公司或部门根据入库通知单上的相关信息来编制具体的进货安排，说明作业程序与内容，并及时通知仓储流程中各环节的人员做好相应的准备工作，以此保证整个进货流程的顺利进行，提高进货作业的效率，降低进货作业成本。

通常入库作业计划主要包括以下内容：

第一，确定货物入库时间、数量、包装形式、规格大小。

第二，计划车辆的停放位置以及根据实际需要安排接运。

第三，计划货物所需占用的仓容大小。

第四，计划货物临时存放点。

第五，确定入库作业所涉及的相关部门。

第六，确定货物入库所需相关人员及其负责工作。

第七，计划作业工艺设定。

二、入库准备

根据入库作业计划，涉及的相关部门及其人员必须做好以下准备工作，以保证商品有序入库。

（一）仓位准备

根据货物的入库时间、数量、体积、质量、特质、保管要求等信息，结合货物堆码、储位管理和商品分区、分类的要求，确定所需理货和储存空间。同时，根据货位的使用原则，妥善安排货位，并对涉及场所进行及时清扫消毒，检查照明及通风等设备，保证其具备相应的存储条件。

（二）人员准备

根据进货作业计划中货物到达时间、到货数量以及入库工艺难易程度的高低，提前安排数量相符、技能要求相当的搬运、检验等相关作业人员。根据实际情况，对人员进行必要的作业前培训，使其各司其职、各尽其能，保障入库作业安全顺利地完成。

（三）设备准备

根据货物的物流化性能、单位体积、包装、重量、数量等信息确定接运、计量、卸货、检验、堆码与搬运的方法，准备好相应的车辆、检验、度量、堆码的工具或设备以及危险品需要的必要防护用品。

（四）资料准备

入库相关人员需要根据入库计划将与入库商品的数量、品种等相关的验收文件和货物验收单、入库检验表、入库单、入库交接表、货物资料卡等相关单证事先准备好，待货物入库以备使用。

（五）苫垫用品准备

为了便于货物在库期间对数量和质量的有效管理，根据货物的性质、保管要求等因素，确定苫垫形式，预先准备好所需苫垫材料的数量和种类。

三、货物接运

接运工作是入库业务流程的第一道作业环节，其完成的质量直接影响货物的验收和入库后的保管包养。因此，在向交通运输部门接收转运货物时，务必按运单明细认真检查，留下存证，防止将运输中或运输前发生的问题带入仓库，造成验收中责任难分和储存困难。

（一）到货接运流程

1. 接运前

在接运前，存货方应根据铁路、港口、机场到货通知（如货物运单，见表6-1、表6-2）做好接运准备，如接运车辆、装卸人员、装卸设备等，尽量减少不必要的作业，缩短搬运距离和装卸次数，提高装运效率。

在接运前，接运人员需对所提取的商品品名、规格、数量、特性和装卸搬运注意事项等进行必要的了解，以保证顺利安全地接运。

表6-1

货物运单

货物定于　月　日搬入

承运人/托运人装车
托运人/承运人施封

铁路局
货 位　　　　　货 物 运 单
计划号码或运输号码：　托运人—发站—到站—收货人

领货凭证
车种及车号

运到期限　　日　　　　　　　　货票第　　号

货票第　　号
运期限期　　日

注：本单不作为收款凭证，托运人须知见背面

规格：350毫米×185毫米

注：收货人领取须知见背面

表6-2 　　　　　　　　　　**货物海运提货单**

提单号：

托运人		下列货物已办妥手续，运费结清请准许交付收货人			
收货人		唛头：			
通知人					
船名	航次				
提单号	交付条款				
起运港	目的港				
卸货地点	进场日期				
箱进口状态					
抵港日期	到付海运费				
集装箱/铅封号	**货物名称**	**件数与包装**		**重量(千克)**	**体积(立方米)**
请核对放货：					
	凡属法定检验、检疫的进口商品，必须向有关监督机构申报。				
				提货专用章	
海关章					

注：本单共三联，具有同等效力。

2. 接运

接运人员在接运运输部门转运的货物时，必须认真检查，分清责任，应根据运单以及相关资料核对品名、数量、规格等明细，检查商品外包装及其封印是否完好，有无沾污、受潮、油渍等异状。必要时应取得必要的证明材料，避免将一些在运输过程中或运输前就已经损坏的货物带入仓库，造成验收中责任难以区分和保管工作无法顺利进行的困难。

（二）接运货物残损记录单和到货接运单

在接运时，需要如实填写到货接运单（见表6-3），便于后续入库流程的顺利进行。若发现货物存在疑点或不符，须当场要求运输部门检查。对于存在短缺溢损情况时，若责任属于承运方时，应及时在接运货物残损记录单（见表6-4）上登记；若不属于承运方责任时，也应要求承运方做好备注说明，并要求运输部门相关人员现场签字。

表 6-3 　　　　　　　　　　　　　 **到货接运单**

编号：　　　　　　　　　　　　　　　　　　　　　日期：　　年　月　日

收货人	发站	发货人	货物名称	标志标记	单位	件数	重量	货物存放处	车号	运单号	提料单号

表 6-4 　　　　　　　　　　　　　 **接运货物残损记录单**

项目	货物名称	数量	包装	重量		发货人记录事项
				发货人	承运方	

四、审核单据

货物到库后，仓储管理人员需对货物相关凭证进行核对，凡供货单位提供的质量证明书、合格证、发货明细表等均需和入库实物逐一相符。当送货方拒绝提供相关单据时，仓储管理人员有权拒绝检验接收货物。

当供应商或承运单位提供的证件、单据不齐全，或者与实际货物不符时，可将货物放置临时库，且仓储管理人员应与供应商、承运单位和有关业务部门及时联系，尽快解决问题。

仓储管理人员需要核对的凭证包括以下三个方面：

第一，审核货物的入库通知单、订货合同、协议书等内容。

第二，核对供货方提供的验收凭证，包括质量证明书、合格证、装箱单、磅码单、发货明细表等。

第三，审核送货方（承运单位）提供的运输单证，包括运输商务记录、提货通知单、货物残损记录、运输交接单等。

五、货物验收

在入库作业流程中，货物验收不仅是严格控制入库商品质量的关键，还是决定入库作业效率的重要环节。验收工作要求及时、准确，在规定的验收期限内完成，并且采用科学的验收方法、合理的验收工具，认真仔细地完成，并填写货物验收单（见表6-5）。货物验收单应由验收人员签章并经仓储部门领导审核盖章后方能生效，对验收出现的重大问题，应及时向有关上级单位汇报。

（一）验收内容

货物验收主要包括外观验收、数量验收、质量验收三部分内容。

1. 外观验收

（1）检查货物的包装是否完好，是否有沾污、受潮、霉变、受锈蚀和破裂等现象。

（2）存储合同对包装有具体要求的，要严格按照包装规定进行验收，包装验收内容包括：箱板厚度、包袋的质量、打包裹腰的匝数、包装干燥程度等。

2. 数量验收

仓储管理人员需严格进行数量验收，对于货物的大件包装，可采用逐件点数、集中堆码点数等方式进行点收，点收合格后方可进行拆分验收。

仓储管理人员应当遵循如下规则进行拆分验收：

（1）开箱、开包，核点货物个数。

（2）称重货物按净重计数。

（3）定尺和按件计量的货物可拆分内包装抽查。

（4）不能换算和不能抽查的货物一律过磅计量。

3. 质量验收

货物数量验收后，需对货物的质量进行检验，主要内容如下：

（1）通过感官能确定货物质量的，由仓储部门自检，并做好货物检验记录。一些特殊的货物验收由质检部门进行化验和技术测定。

（2）外来货物应根据合同规定确定抽验比例。合同没有明确规定时，应按照一定的原则来确定抽验比例。

（二）验收问题处理

1. 数量不符

验收中数量不符时，仓储管理人员应在送货单各联上批注清楚，并同送货方共同签章后，按实数签收，签收后通知有关部门。

2. 包装问题

验收中包装有问题时，仓储管理人员和送货方一同拆包检查，查明情况，由送货方出具入库货物异状记录，并通知接货方另行存放等待处理。

3. 质量问题

验收中发现货物质量与合同规定的不符时，立即通知有关部门，以备检查处理。

货物入库检验表、货物入库交接单分别如表6-6、表6-7所示。货物通过验收后，应办理货物入库手续，分配货位。

表6-5　　　　　　　　　　　　　　　货物验收单

订单编号：　　　　　　　　　验收单编号：　　　　　　　　　填写日期：＿＿＿年＿＿月＿＿日

货物编号	品名	订单数量	规格符合		单位	实收数量	单价	总金额
			是	否				

是否分批交货	□是 □否	检查	抽样＿＿%不良	验收结果	1. 2.		验收主管	验收员
			全数＿＿个不良					

总经理	财务部		仓储部	
	主管	核算员	主管	收货员

表6-6　　　　　　　　　　　　　　　货物入库检验表

供货单位　　　　　　　　　　　　　　　　　　　　验收日期：＿＿＿年＿＿月＿＿日

货物名称		型号/规格	
承运单位		进货日期	
进货数量		验证数量	
验证方式			
验证项目	标准要求	验收结果	是否合格
检验结论	□合格　　　　□不合格		
复检记录	1. 2.		
检验主管		检验员	日期
不合格处置方法	□拒收　　□让步接收　　□全检		
	批准		日期
备注	对于客户的货品，其不合格品处置由客户批准		

表 6-7 货物入库交接单

编号：＿＿＿ 入库日期：＿＿＿年__月__日

货物编号	型号	编号	数量			单价	金额	付款方式		备注
			进货量	实到量	量差			转账	现付	
交单人						接单人				
审核人						库管员				

六、处理进货信息

（一）建立货物信息卡

货物信息卡为每种规格的入库物资建立一张随物卡，用来直接表明该垛物资的名称、型号、规格、数量、单位及出入库动态和积存数。仓库管理员根据"入库通知单"所列的内容填写货物信息明细卡（见表 6-8），严格遵循"一垛一卡"的原则，并将该卡贴于或悬挂于货物堆垛上，以便随时与货物进行核对，能准确地掌握货物的结存数。

表 6-8 货物信息明细卡

年度： 编号：

货物名称		型号/规格		最高存量		最低存量	
货物编号		存放位置			计购量		
日期（月／日）	收、发、退货凭单	入库记录		出库记录		积存数	核对
		数量	时间	数量	时间		

（二）入库登账

入库中应将货物入库情况及时进行登记，建立货物保管明细账（见表 6-9），并详细记录货物出入库数量及结余数量。

表 6-9 货物保管明细表

项次	货物名称	规格	编号	出/入库日期	出/入库凭证编号	收发记录				备注
						昨日库存量	昨日入库量	昨日发货量	昨日结存量	
1										
2										
3										

（三）入库确认

货物入库后应根据货物入库通知单制作货物入库单（见表 6-10），经仓储主管签字后备案归档。

表 6-10 货物入库单

批号： 件数：

品名	规格	货物编号	发票号	入库数量		单价	金额	储位	备注
				预计	实际				
备注	本单一式三联，分别为采购联、仓储联、财务联								

仓储主管： 仓管员： 入库日期：_____年___月___日

（四）建立仓库工作档案

仓库建档工作是将货物入库作业全过程的有关资料证件进行整理、核对，形成资料档案，便于查阅和管理。档案资料包括货物到达仓库前的各种凭证、运输资料；入库验收时的各种凭证、资料；保管期间的各种业务技术资料；出库和托运时的各种凭证、资料。

第二节 货品编码

货物入库时对货物进行有效编码极为重要。编码就是将入库货物按其分类内容进行有次序地编排，用简明的文字、符号或数字代替货品的名称、类别及其他有关信息的方式。

一、货品编码的原则

货物编码应遵循以下原则：

第一，简易性。应将货品化繁为简，便于处理货物。

第二，完全性。编码时必须使每一项货品都有一种编号代替。

第三，单一性。每一个编号只能代表一项货品。

第四，充足性。编码时采用的文字、记号或数字，必须有足够的数量来编号，可以根据需要对编号长度进行延伸，或随时从中插入文字、记号或数字。

第五，组织性。编码时必须有一定的规律性，对新货物编码时应与原有编码一致。

第六，易记性。编码应采用易于记忆的文字、符号或数字。

第七，稳定性。货物编码一经确定，应在一定时期内保持相对的稳定。

第八，适应机械性。能适应事务性机器或计算机处理。

二、货品编码的方法

货物编码常用无含义代码和有含义代码。无含义代码可采用顺序码或无序码来编排；有含义代码则在商品分类基础上采用序列顺序码、数值化字母顺序码、层次码、特征组合码及复合码等进行编排。

（一）流水号编码法（顺序码）

流水号编码法是将阿拉伯数字或英文字母按顺序往下编码，常用于账号及发票编号等。这种编码方法属于延展式的方法。举例如下：

编号	货物名称
1	杯子
2	碗
3	汤勺
……	……

（二）数字分段法

数字分段法是把数字分段，每一段数字代表同一共性的一类货品。例如，1~20 预留给矿泉水编号用，21~50 预留给方便面编号用，则编码如下：

编号	货品名称
1	250 毫升装矿泉水
2	450 毫升装矿泉水
3	4 升装的矿泉水
……	……
21	康师傅方便面
22	白象方便面
23	五谷道场方便面
……	……

（三）分组编码法

分组编码法是指按货物特性将数字组成多个数组，每一数字组代表货物的一种特性。例如，某一货物编号由四组数字组成，第一组数字可代表货物的类别编号，第二组数字可代表货物的包装编号，第三组数字可代表货物的供应商编号，第四组数字可代表货物的规格，至于每组数字是多少可根据实际需求而定。举例如下：

例如：

	类别	包装	供应商	规格
编号	08	1	013	02

该组编号的意义如表6-11所示：

表6-11

货品特性	类别	包装	供应商	规格	意义
编号	08				方便面
		1			纸盒包装
			013		白象
				02	80克

（四）后位数编码法

后位数编码法是利用货物编号的末尾数字进行编号。举例如下：

编号	货物类别
42	锅铲
42.1	不锈钢锅铲
42.2	铁质锅铲

（五）实际意义编码法

实际意义编码法是按照货物的名称、重量、规格、分区、储位、保存期或其他特性等实际情况进行编码。例如，编号为FO4915B1的货物的编号对应的实际意义如下：

编号	实际意义
FO	表示 Food，食品类
4915	表示40毫米×90毫米×150毫米
B	表示 B 区，货物所储存的区域
1	表示第一排物料货架

（六）暗示编号法

暗示编号法是用数字、文字或字母的组合来编码。举例如下：

暗示特性	货物名称	尺寸	颜色与形式	供应商
编号	By	003	BB	9

编号意义如下：By 表示自行车（Bicycle）；003 表示大小型号是 5 号；B 表示黑色（Black）；B 表示小孩型（Boy's）；9 表示供应商代号。

本章小结

本章重点介绍了配送中心进货环节各项作业的具体内容，要求掌握各项作业的操作要点以及单证的应用。同时，讲解了货物入库编码的各种方法及其应用。

自测题

一供应商于 2015 年 1 月 20 日送来一车康师傅纯净水，送货单上数量为 600 箱，规格为 1×24（500 毫升），单价为 0.8 元/瓶，金额为 19.2 元/箱，生产日期是 2015 年 1 月 10 日，保质期为 12 个月；送来一车康师傅方便面，共 400 箱，单价 2.5 元/袋，生产日期为 2015 年 1 月 10 日，保质期为半年。作为某仓库的收货员，你打算怎样验收这批货物？

课后案例分析

联华配送中心——进货入库流程

进货以后，立即由仓储管理系统（WMS）进行登记处理，生成入库指示单，同时发出是否能入库的询问信号。如果仓库容量已满无法入库时，系统将发出向附近仓库入库的指示。接到系统发出的入库指示以后，工作人员将货物堆放在托盘上，并用手持终端对该托盘的号码及进货品种、数量、保质期等数据进行进货登记输入。在入库登记处理后，工作人员用叉车将货物搬运至入库品运载装置处。按下入库开始按钮，入库运载装置开始上升，将货物送上入库输送带。在货物传输过程中，系统将对货物进行称重和检测，如不符合要求（如超重、超长、超宽）系统将指示其退出；符合要求的货物，方可输送至运载升降机。输送带侧面安装条码阅读器对托盘的条码进行识别确认，计算机将对托盘货物的保管和输送目的地发出指示。接到向第一层搬运指示的托盘在经过升降机平台时，不再需要上下搬运，将直接从当前位置经 1 层的入库输送带自动分配到 1 层去等待入库。接到 2 至 4 层搬运指示的托盘，将由托盘升降机自动传输到所需要的楼层。当升降机到达指定楼层后，由各层入库输送带自动搬运货物到入库区。货物在下平台前，工作人员根据入库输送带侧面设置的条码阅读器将托盘号码输入计算机，并根据该托盘的情况对照货位情况，发出入库指示，然后由叉车从输送带上取下托盘。叉车作业者根据手持终端指示器的指示货位号将托盘入库，经确认后在库货位数进行更新。

案例思考：

用流程图描述联华便利配送中心商品进货入库作业流程。

第七章　存货和补货

【实训目标】

（1）了解理货员、仓储管理员、盘点员的岗位职责和职业素养。

（2）掌握仓库理货、日常保养、盘点作业流程以及关键业务。

（3）掌握存储过程中的注意事项。

【实训条件】

库存管理表、盘点管理表。

【关键概念】

存储空间的规划与分配、盘点、补货流程。

【引导案例】

位于南方某市的某化工企业所处的地理位置地势较低，生产过程中使用连二亚硫酸钠（俗称保险粉）作为主要原料，考虑到供应商在同一地区，为降低成本，该企业要求供应商的保险粉不要用铁桶包装，只用编织袋包装即可。该企业的保险粉仓库为单独设置，仓库内未设温度仪、湿度仪。2014年雨季来临之前，企业安全部门针对仓库专门组织了安全检查，提出应采取措施加高保险粉的存放地点。由于仓库主任的疏忽，未进行任何处理。几天后连续数日暴雨，仓库进水引起保险粉燃烧，造成保险粉仓库全部烧毁，三人出现中毒症状。

案例思考：

该企业货物储存过程中存在什么问题？

第一节　存货

存货作业是购货、进货作业的延续，是实现后续作业快速、准确、低费用、高效益的基础与保证。配送中必须重视存货作业，应尽可能提高储存空间的使用效率，提高盘点作业速度，同时维护和保管好货物在库时的商品数量及质量，以保证商品的有效供给和配送服务质量。

配送系统中的存货一般有两种形式：一种是暂存形态，只在仓储中心做短暂停留，经过分拣、配货后就直接送货；另一种是储备形态，需要在配送系统中储存货物，按照配送要求和货源到货情况，依照到货周期，有计划地确定储备时间，这种储备形态包括保险储备和周转储备。

一、存储保管

（一）存储保管的目标

存储保管的目标如下：

（1）存储空间利用最大化。

（2）劳动力及设备利用合理化。

（3）创建系统化的储位管理系统，合理调配库房布置，使得所有货品能随时存取。

（4）储存货物合理地养护和维护。

（5）提高储存区人力与机械设备搬运的经济性与安全程度。

（6）营造清洁、井然有序的储存空间。

（二）存储空间的规划与分配

在存储管理中，货物的储存空间由储存货物的总体积来确定。货物的形状、重量、数量、体积、性质对存储空间的分类分区和空间占用起着重要的作用。因此，储存空间的规划与分配就是针对储存货物的具体特性进行必要的管理活动。

1. 存储空间规划与分配的原则

（1）以货物特性为原则。

（2）以货物周转率为原则。

（3）以货物之间的相关性为原则。

（4）以货物体积、重量为原则。

（5）以货物先进先出为原则。

2. 存储空间规划的方法

存储空间规划影响到仓容利用率的高低，也影响着货物的储存成本。因此，存储空间规划应从以下几方面考虑：

（1）合理安排货位，便于作业。合理的货位摆放形式可以有效地压缩通道、墙距等的占用面积，可以提高存储空间利用率。目前货位的摆放形式有两种：一种是"垂直、平行"式货位排列（见图 7-1），采用这种排列形式，仓库采光、通风以及货物进出等方面都较好，但是库内支道较多，占用面积较多，且不利于叉车作业转弯；另一种是"斜向"式货位排列（见图 7-2），即货架一端延长线与库房内墙成 45 度角。采用这种货位排列，通道宽度可以减小，节约面积，同时也更利于叉车转弯作业，一般储存批量大的货物时可以采用此货位排列形式。

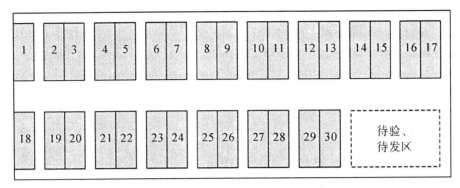

图 7-1　"垂直、平行"式货位排列

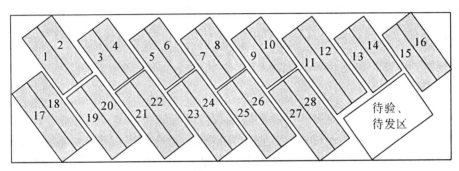

图 7-2　"斜向"式货位排列

（2）改进货物堆码方式，提高仓容。货物堆码方式的不同和堆码技术的不同，会影响到仓容大小。在可能的情况下，操作人员需根据货物的性能、包装状况等条件，选择合适的堆垛形式和堆垛层数，提高仓容。一般来说，仓库货物存放的方式有地面平放式、托盘平放式、直接码垛式、托盘堆码式、货架存放式。

3. 存储空间分配的方法

由于货物性质、体积、重量、价值、形状、存储时间不一样，因此不同货物的储位需要采用不同的方法分配。

（1）定位储存。定位储存是指每一项货物都有固定的储位，不同货物不能互用储位，因此每一储位的容量必须大于其可能的最大在库量。

（2）随机储存。随机储存是指根据货物及货位使用情况随机安排，即任何货物都可以放在任何可利用的位置。

由于随机储存下储位不易于记忆、货物难以查找，因此随机储存需要通过建立随机储存记录卡（见表 7-1），将储存信息详细记录，以便准时掌握库存货物的储位和数量，提高出入库作业效率。

表 7-1   随机储存记录卡

储位空间	储位额定空间	商品名称及规格	商品编号或条码	存货数量	单位	供应商	到货时期	储位剩余空间

（3）分类储存。分类储存是指按照货物的相关性、流动性、产品尺寸、重量、产品特性等因素来进行分类，每一类货物都有固定的存放位置，同属于一类的货物又按照一定的规则进行分配货位。分类储存既具有固定储存按照周转率高低来安排存取的优点，又具有根据货物特性选择储存方式带来的管理便利性。

（4）共同储存。共同储存是指明确知道各货物的进出时间的情况下，不同货物可共用相同的储位。这种储存方式在管理上较为复杂，但是储存空间与搬运时间更为高效。

二、盘点作业

盘点是指定期或临时对库存商品的实际数量进行清查、清点的作业，即为了掌握货物的流动情况（入库、在库、出库的流动状况），对仓库现有商品的实际数量与保管账记录的数量相核对，以便准确地掌握库存数量。盘点作业在传统的仓储作业中占有很重要的地位，对仓储管理起到了关键性的作用。在现代仓储作业中，盘点以不同于传统仓储盘点的方式继续贯穿于即时仓储作业中，对提升现代物流的客户满意度起到了非常重要的作用。因此，在现代物流作业中盘点也是不可或缺的重要环节。

（一）盘点作业的原则

盘点作业应坚持真实、准确、完整、清楚、具有团队精神的原则。

（二）盘点作业的内容

1. 查货物数量

查货物数量包括点数、计数查明在库货物的实际数量；核对账簿记录与实际商品数额是否相符，其中包括日记账账面余额与实际库存数相核对、各种财产商品明细账账面余额与财产物资实存数额相核对；核对不同账簿之间的记录是否相符，如总账与明细账、总账与日记账、总账与月报表等。

2. 查货物质量

查货物质量包括检查在库货物质量有无变化、有无超过有效期和保质期、有无长期积压等现象，必要时还可以对货物进行技术检验。

3. 查保管条件

查保管条件包括检查保管条件与各类货物的保管条件是否相符合，堆码是否合理稳固，库内温度、湿度是否符合要求，各类计量器具是否准确等。

4. 查库存安全状况

查库存安全状况包括检查各类安全措施和消防设备、器材是否符合安全要求，建筑物和设备是否处于安全状态。

（三）盘点作业的方法

一般来说，盘点主要有循环盘点、定期盘点、临时盘点三种（见表7-2）。

表7-2   **盘点作业的方法表**

名称	概念	特点	常用方法
循环盘点	按照货物入库的先后顺序，每天、每月按顺序分部分盘点，到月末或期末则每项货物至少完成一次盘点	盘点是在仓库管理人员的日常工作中进行，盘点时不必停止仓库作业，可减少停工的损失	盘点单盘点法、盘点签盘点法、货架签盘点法
定期盘点	又称全面盘点，由仓储主管领导会同其他仓管员按月、季、年度全面地清查盘点库存货物，是库存盘点的主要方式	能够全面地盘点库存货物，且盘点准确性高，但是盘点时必须停止仓库作业，并且需要大量的人员从事盘点工作	分区轮盘法、分批分堆盘点法、最低库量盘点法
临时盘点	又称突击性盘点，根据需要在日常盘点没有及时跟上、仓管员办理交接、发生意外事故时或在台风、梅雨、严寒等季节进行的临时突击盘点	盘点的内容根据实际需要而确定，可以是全面的，也可以是局部、重点的	根据具体需要灵活采用上述几种盘点方法

常用的盘点作业的方法包括盘点单盘点法、盘点签盘点法、货架签盘点法、分区轮盘法、分批分堆盘点法。

（1）盘点单盘点法，即以货物盘点单记录盘点的结果。

（2）盘点签盘点法，即在盘点中采用一种特别设计的盘点签，盘点后贴在实物上，经复核者复核后撕下。

（3）货架签盘点法，即以原有的货架签（保管卡）作为盘点的工具，不必特意设计盘点标签，当盘点计数人员盘点完毕，则将盘点数量填入货架签上，待复核人员复核后，如无错误使揭下原有的货架签，同时换上不同颜色的货架签，之后查找部分货架签仍未换下的原因，再依货、账的顺序排列，进行核账与编制报表。

（4）分区轮盘法，即盘点人员将仓库分若干区，依序清点货物存量，并在一定日期后重复盘点。

（5）分批分堆盘点法，即将某批货物记录卡放置于透明塑胶袋内，拴在该批收料的包装件上。发货时，可在记录卡上记录并将提货单副本存于该透明塑胶袋内。盘点时对尚未使用的包装件可承认其存量毫无误差，只盘点实际动用的存量，若不相符，马上核查记录卡与提货单就一清二楚了。

（四）盘点作业的流程

盘点作业的操作流程如图7-3所示：

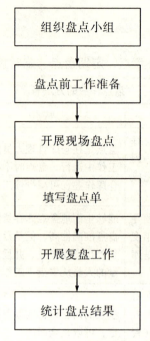

图7-3 盘点作业的操作流程

1. 组织盘点小组

一般由仓库相关管理人员负责初盘，而财务等相关部门主要负责复盘、抽盘及监督等工作。

2. 盘点前工作准备

盘点前的准备工作包括清理仓库和准备盘点工具两项。

（1）清理仓库。在实地盘点之前，为了更容易进行盘点，仓管员要清洁整理仓库中放置货物的场地，将库存明细表、货物明细卡、货物档案整理就绪，未登账、销账的单据均应处理完毕。

（2）准备盘点工具。盘点前，需要为实地盘点准备好盘点时使用的计量用具以及盘点表、盘点盈亏汇总表等表格。

3. 开展现场盘点

（1）划分区域。将仓库分成几个区域，并确保各区之间不重合、不留有空白。

（2）人员分配。划分完区域后，应将盘点人员分成几个组，每组负责一个区域。分组时，应注意将专业人员与非专业人员搭配组合，以提高盘点效率。

（3）清点货物的数量。盘点人员依据分工，按顺序对所负责区域内的货物进行点数。根据库存货物的计量单位不同，应该采用不同的清点方法。

4. 填写盘点单

应根据清点后得出的货物数量，填写盘点单（见表7-3）的第一联，并将其悬挂在对应的货物上。盘点单上的盘点单号为预先印刷的连续号码，应按顺序填写。填写错误时不得撕毁盘点单，应保留并上交。

表7-3 仓储货物盘点单

货物编号			货物名称及规格		
数量			计量单位		
货物类别	□原材料		□辅料	□呆料	□废料
盘点时货物位置					
盘点时货物状况	□良料 □次料 □呆料 □废料 □其他		相关说明		
账面数量		实盘数量		盈（亏）	
盘点量		记录员	复核员		盘点单号

5. 开展复盘工作

在初盘人员清点完货物，并填完盘点单后，复盘人员检查清点结果，并据实填写盘点单的第二联。如果复盘数量与初盘数量不一致，应由初盘人员与复盘人员再次清点货物，确定其最终数量。

6. 统计盘点结果

盘点结束后，应及时统计盘点结果，核对盘点盈亏情况，并填写库存盘点盈亏汇总表（见表7-4），调整库存账目以及货物明细卡。

表7-4 库存盘点盈亏汇总表

品名	规格	账面资料		实盘资料		盘盈		盘亏		差异原因	对策
		数量	金额	数量	金额	数量	金额	数量	金额		
总经理		财务经理			仓储经理			制表人			

第二节 补货

补货是在拣货区的存货低于设定标准的情况下，将货物从仓库保管区搬运到拣货区的工作。其目的是将正确的产品，在正确的时间和正确的地点，以正确的数量和最有效的方式送到指定的拣货区。补货的主要内容包括补货的基本方式、补货流程、补货时机。

一、补货方式

由于货物储存方式以及集装单位的不同，补货作业的基本方式主要有整箱补货、托盘补货、货架上层至货架下层的补货。

1. 整箱补货

由补货人员用取货箱到货架保管区取货，将取货箱装满后，用手推车运回拣货区。这种补货方式比较适合体积小、数量少但品种多的货物。

2. 托盘补货

以托盘为单位进行补货。补货人员先用叉车等将托盘由保管区运到拣货区，然后拣货人员再将托盘上的货物搬运至输送机上。这种方式适合体积大或出货量大的货物。

3. 货架上层至货架下层的补货方式

用于保管区与拣货区处于同一货架的情形。由于配送中心通常把一些体积小、流动性不大的货物存放在同一货架的上下两层，下层作为拣货区，上层作为保管区。货架补货就是当下层货架上的存货低于设定标准时，将上层货物移出补充到下层，使其达到设定标准。

二、补货流程

补货的操作流程如图 7-4 所示：

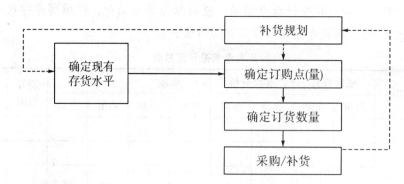

图 7-4　补货的操作流程

（一）确定现有存货水平

对现有存货水平的检测是配送中心补货系统工作的起点，只有准确地知道现有存货的溢缺，才能确定需要补充多少存货。具体来讲，对现有存货的检测主要有两种方法，即周期性检测方法和连续性检测方法。周期性检测方法是指按一定的周期对存货进行检查的方法，检查周期一般根据实际情况而定，可以是几天、一周或一个月。连续性检测方法是指仓库管理员需要连续记录货物的进出情况，每次存货处理后都要检查各产品的库存量。

（二）确定订购点（量）

对于某种物料或产品，由于生产或销售的原因而逐渐减少，当库存量降低到某一预先设定的数量时，即开始发出订货单（采购单或加工单）来补充库存。当库存量降低到安全库存时，前期发出订单的定购物料（产品）刚好到达仓库，以补充前期的消耗，这一订货的商品数值，即称为订货点（量）。因此，订购点的确定要考虑订货提前期内预计需求和安全库存的需要。订购点存货水平（OP）一般用以下公式确定：

OP＝订货提前期内预计需求+安全库存

（三）确定订货数量

确定订购点后，还需要确定订货数量。理论上讲，有两种类型的库存补给系统：固定量订货系统与固定期订货系统。

固定量订货系统是指事先固定订货点，当库存余额降低到订货点以下时，即发出订货。固定量订货系统订购点的库存数量是固定的，每次订货量是固定的，但是订货周期是不定的。常有的固定量订货系统有经济订货批量模型、安全库存模型、经济生产批量模型。

固定期订货系统又叫固定间隔期系统（见图7-5），是指固定一个订货周期，当达到订货期时发出订货。在两次订货间隔期间，库存按照需求不断减少，当库存满足需求时发货，而不满足需求时，等待下次订货后再发货（或延迟交货）。这种订货模式的订货周期是不变的，但是订购点的现有库存数量是变动的，每次订货的数量也是变化的。由于这种订货模式是按期订货，所以在订货间隔期和订货提前期内可能发生缺货现象。常见的固定期订货系统有订货量模型与安全库存模型。

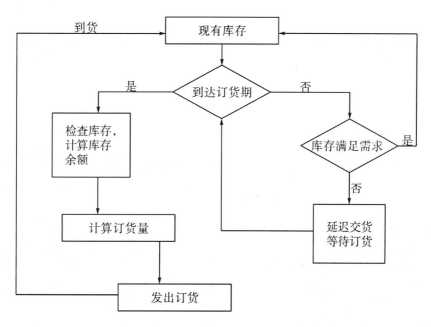

图7-5 固定期订货系统

（四）发出采购订单或进行补货作业

补货系统的最后程序是对需要补充库存的存货种类发出订购单（见表7-5），进行订货补充库存，并根据到货情况在库存表（见表7-6）中进行库存登记。

另外，拣货区需要补充的存货，是将存放在储存区的货物转移到拣货区。补货单参见表 7-7。

表 7-5   订购单

日期：   订单编号：

厂商名称					厂商编号		
厂商地址					电话/传真		

序号	料号	品名规格	单位	数量	单价	金额	交货数量及其日期
合计					仟 佰 拾 万 仟 佰 拾 元 角 分		
交货方式				交货地点			

交易条款：

1. 交期

    承制商必须遵循本订购之交期或本公司之采购部电话及书面通知调整之交期，若有延误，每逾一日扣除该批款＿＿%。

2. 品质

2.1 检验方法：按 MIL—STD—105 Ⅱ 抽样检验，AQL＝＿＿。

2.2 按工程图纸要求。

2.3 品质保证期限为 3 个月。

3. 不良品处理

3.1 检验后如发现品质不良或承制损坏时，货通知后 3 日内应将该退货部分取回，并尽快补回，逾期本公司概不负责。

3.2 若急用需选别的产品，所需人工费用由承制厂商负责。

4. 其他

4.1 承制厂商送货时应多附＿＿%备品（Spare）。

4.2 交货时请在送货单上注明本订购单号，并附上开立金额统一之发票，单据上应注明物料编号。

4.3 附产品图纸＿＿张，检验标准＿＿份。

承制厂商	总经理	采购经理	采购主管	采购员

表 7-6　　　　　　　　　　　　　库存表

项次	货品名称/规格	货品编号	出/入库日期	出/入库单据编号	收发记录				备注
					昨日库存量	入库量	发货量	结存量	

主管：　　　　　　　　　　　　　　　　　　　经办：

表 7-7　　　　　　　　　　　　　补货单

类别	补货日期/时间：				本单编号：			
项次	存放储位	品名	货品编号	货源储位	单位	需要数量	实发数量	

点收员：　　　　　　　　　　　　　　　　　　经办：

本章小结

本章学习了配送中心货物保管、盘点、补货作业的具体内容，包括存储空间规划与分配、盘点方法及流程、补货的业务操作等。通过本章的学习，重点要掌握各项作业的操作以及注意事项。

自测题

（1）（　　　）的目的在于确认库存是否能满足客户需要。

A. 存货查询　　　B. 配货作业　　　C. 检查作业　　　D. 盘点作业

（2）（　　　）将保管的物品直接放在托盘上，再将托盘平放于地面上进行保管。

A. 托盘平放式　　B. 地面平放式　　C. 直接堆放式　　D. 托盘堆码式

（3）强烈的或长时间的日光照射，会给物品带来很多能够导致（　　　）的不良影响。

A. 包装变化　　　B. 温度变化　　　C. 湿度变化　　　D. 质量变化

（4）（　　　）以箱为单位进行补货。

    A. 整箱补货　　　　　　　　　　　B. 托盘补货

    C. 货架上层—货架下层的补货方式　　D. 以上都不是

（5）（　　）是指在货垛底下加衬垫物，以防潮、限水浸，并保持通风。

    A. 垫　　　　　　B. 苫　　　　　C. 堆码　　　　　D. 以上都不是

（6）统一分类、统一计量、统一品名和（　　）是仓库管理的基础工作。

    A. 统一编号　　　　　　　　　　　B. 统一管理

    C. 统一人员　　　　　　　　　　　D. 统一设备

（7）在制定仓库积载计划时，首先要确定（　　）。

    A. 物品储存期　　　　　　　　　　B. 储存物特征

    C. 储存物流量　　　　　　　　　　D. 储存物体积与重量

（8）物品储存规划的方法是（　　）。

    A. 分区　　　　　B. 分类　　　　　C. 定位保管　　　D. A、B 和 C

课后案例分析

家乐福公司存货管理案例

一、需求估算阶段

首要环节是计划环节（Plan）。预先制订周全的计划，可以防止各种可能的缺失，可以使人力、设备、资金、时机等各项资源得到有效充分的运用，还可以规避各类可能的大风险。制订一个良好的库存计划既能减少公司不良库存的产生，又能最大效率地保证生产的顺利进行。

在库存商品的管理模式上，家乐福公司实行品类管理（Category Management），优化商品结构。一个商品进入家乐福公司之后，会有销售终端（POS）机实时收集库存、销售等数据进行统一的汇总和分析，根据汇总和分析的结果对库存的商品进行分类。然后根据不同的商品分类拟订相应适合的库存计划模式，对于各类型的不同商品，根据分类制定不同的订货公式的参数。根据安全库存量的方法，当可得到的仓库存储水平下降到确定的安全库存量或以下的时候，该系统就会启动自动订货程序。

二、材料订货阶段

计划层面（Plan）的下一个层面即为实施层面（Do）。在选用合理的存货管理模式后，就根据需求估算的结果来实施订货作业，以确保购入的货物能够按时、按量到达，保证以后生产或销售的顺利进行。

在家乐福公司有一个特有的订货部门 OP（Order Pool），是整个家乐福公司的物流系统核心，控制了整个企业的物流运转。在家乐福公司，采购与订货是分开的。由专门的采购部门选择供应商，议定合约和订购价格。OP 部门则负责对仓库库存量的控制；生成正常订单与临时订单，保证所有的订单发送给供应商；进行库存异动的分析。作为一个核心控制部门，OP 部门的控制动作将其资料联系到其他各个部门。对于仓储部门，OP 部门控制实际的和系统中所显示的库存量，并控制存货的异动情况；对于财务部门，OP 部门提供相关的入账资料和信息；对于各个营业部门，OP 部门提供存量信息给各个部门，提醒各个营业部门根据销售情况及时更改订货参数或增加临时订量。

三、仓储作业阶段

家乐福公司的做法是将仓库、财务部门、OP 部门、营业部门的功能和供应商的数据整合在一起。从统一的视角来考虑订货、收货、销售过程中的各种影响因素。因此，看家乐福公司仓储作业的管理就必须联系它的 OP 部门、财务部门、营业部门来看，这是一个严密的有机体。仓库在每日的收货、发货之外会根据每日存货异动的资料，将存量资料的数据传输给 OP 部门，OP 部门则根据累计和新传输的资料生成各类分析报表。同时，家乐福公司已逐步将周期盘点（Cycle Count）代替传统一年两次的实地盘点。在实行了周期盘点后，家乐福公司发现，最大的功效是节省了一定的人力、物力、财力，没有必要在两次实地盘点的时候大规模的兴师动众了，盘点的效率得到了提高。

四、账务管理阶段

账务管理是物料管理循环的最后一个环节，同时也是下一个循环的开始。财务管理包含两部分的内容：一部门是仓储管理人员的收发料账；另一部分则是财务部门的材料账。对于这两类账的日常登记、定期检查汇总，称为物料的账务管理。账务管理最主要的目标是保证料、账准确，真实反映库存物料的情况。

家乐福公司的做法是从整体的角度出发，考虑仓库、财务、采购各个部门的职责和功能，减少不必要的流程，最大限度地提高效率和减少工作周期。在家乐福公司，账务管理的基本结构包括三个部分：一是库存管制，由仓管制定；二是异动管理，由 OP 部门负责入库、出库、物料增减情况的登记；三是库存资讯，包括库存量查询在内，OP 部门提供有关管理需求的账面报表，财务部门提供有关财务需求的报表。

案例思考：

（1）家乐福公司的做法给了你什么启示？

（2）家乐福公司 OP 部门具备什么功能？浅谈其作用。

第八章　流通加工

【实训目标】

通过流通加工环节的实训，掌握流通加工的概念，了解流通加工在配送中的作用及相关内容，掌握流通加工的作业流程及相关技能。

【实训条件】

流通加工是因客户需求所产生的物流作业环节，因此物流配送作业中应根据实际条件和客观情况设定实训的具体条件，其条件因客户需求的不同而比较复杂，实训中应注意此类问题。

【关键概念】

流通加工、流程、工艺、作业标准等。

【引导案例】

以麦当劳餐厅为例。麦当劳餐厅进入中国的时候，其全球物流服务提供商夏晖食品服务公司也悄悄跟进。麦当劳餐厅只要将采购清单交给夏晖公司，剩下的所有储藏、运输等工作就不用考虑了。据说夏晖公司的配送车队每天在晚上11点到凌晨4点之间必须完成送货，准点率在98%以上才算符合服务质量要求。因为麦当劳餐厅的员工是按小时付薪的，夏晖公司每天晚上11点之后安排送货，如果在这个时间内不能将货送到，麦当劳餐厅员工的超时工资要由夏晖公司承担。

案例思考：

（1）如何理解案例中夏晖食品服务公司对麦当劳餐厅的服务？

（2）夏晖食品服务公司支付麦当劳餐厅超时工资说明了什么？

第一节　流通加工概述

一、流通加工的概念

配送作业中的流通加工是主要以满足客户需求为目的，以实施增值服务项目为手段，以自身能力和客观环境为基础的多功能作业环节。流动加工在现代物流的作业过程中起到了非常重要的作用。通常将流通加工称为根据顾客的需要，在流通过程中对产品实施的简单加工作业活动（如包装、分割、计量、分拣、刷标志、拴标签、组装等）的总称。

流通加工与一般的生产加工相比较，在加工方法、加工组织、生产管理方面无显著区别，但是在加工对象、加工程度方面差别较大，主要差别在于加工对象不同、加工内容不同、加工目的不同、所处领域不同。

二、流通加工的作用

流通加工的作用在其整个物流作业过程中主要体现在以下方面：

第一，方便流通。

第二，既提高了生产效益，又提高了流通效益。

第三，方便了用户购买和使用，降低了用户成本。

第四，提高了加工效率及设备利用率。

第五，充分发挥了各种输送手段的最高效率。

第六，可实现废物再生、物资充分利用和综合利用。

第七，改变了功能，增加了商品价值，提高了收益。

在配送环节中，流通加工的作用主要体现在以下方面：

第一，方便流通。

第二，方便了用户购买和使用，降低了用户成本。

第三，提高了加工效率及设备利用率。

第四，充分发挥了各种输送手段的最高效率。

三、流通加工的类型

流通加工因满足各方面客户需求和面对的作业条件不同，主要存在以下类型：

第一，以保存产品为主要目的的流通加工。

第二，适应多样化需要的流通加工。

第三，方便消费、省力的流通加工。

第四，提高产品利用率的流通加工。

第五，提高物流效率、降低物流损失的流通加工。

第六，衔接不同输送方式，使物流更加合理的流通加工。

第七，实现配送顺利进行的流通加工。

在配送环节中，流通加工的主要类型如下：

第一，保存产品为主要目的的流通加工。

第二，适应多样化需要的流通加工。

第三，方便消费、省力的流通加工。

第四，提高物流效率、降低物流损失的流通加工。

第五，衔接不同输送方式，使物流更加合理的流通加工。

第六，实现配送顺利进行的流通加工。

第二节　流通加工合理化

流通加工作为配送环节的组成部分有很多的运作形式，这些运作形式会对流通加工的过程和效果产生不同的影响。通常，不合理的流通加工的形式主要有以下几种：

第一，流通加工地点设置的不合理。

第二，流通加工方式选择不当。

第三，流通加工作用不大，形成多余环节。

第四，流通加工成本过高，效益不好。

针对不合理的流通加工所表现的形式，如何对流通加工不合理形式进行必要的合理化组织和规划是流通加工合理化进行中有待于明确的重要问题。正确地理解流通加工合理化的含义、作业条件的选择以及要达到的目的是实施流通加工合理化的基本要求。

一、流通加工合理化的含义

流通加工合理化是实现流通加工作业的最优配置，不仅在流通加工过程中要做到避免各种不合理操作，使流通加工的作业更具有存在的价值，而且还要做到最优作业过程的选择。

为避免各种不合理现象，对是否设置流通加工环节、在什么地点设置、选择什么类型的加工、采用什么样的技术装备等，需要做出正确抉择。在满足社会需求的前提下，合理组织流通加工生产，综合考虑运输与加工、加工与配送、加工与商流的有机结合，以求达到最佳的加工效益。

二、流通加工合理化过程中主要应考虑的问题

就现阶段来说，实施流通加工合理化过程主要应考虑以下几个方面：

（一）加工和配送结合

将流通加工设置在配送点中，一方面按配送的需要进行加工，另一方面加工又是配送业务流程中的一个环节，加工后的产品直接投入配货作业。这就无需单独设置一个加工的中间环节，使流通加工有别于独立的生产，而使流通加工与中转流通巧妙地结合在一起。同时，由于配送之前有加工，可使配送服务水平大大提高。这是当前流通加工过程中较为合理的一种重要形式，这种形式在煤炭、水泥等产品的生产中已表现出较大的优势。

（二）加工和配套结合

在对配套要求较高的流通中，配套的主体来自各个生产单位，但是有时完全配套无法全部依靠现有的生产单位。适当地采取流通加工处理，可以有效地促成配套，大大提高流通加工的桥梁与纽带的作用。

（三）加工和合理运输结合

通过流通加工能有效衔接干线运输与支线运输，促进两种运输形式的合理化。利用流通加工，在支线运输转干线运输或干线运输转支线运输这一必须停顿的环节中，不进行支线运输转干线运输或干线运输转支线运输的作业，而是按干线或支线运输合理的要求进行适当加工，从而大大提高运输及运输转载水平。

（四）加工和合理商流相结合

通过加工有效促进销售，使商流合理化，也是流通加工合理化的考虑方向之一。加工和配送的结合，通过流通加工，提高了配送水平，强化了销售，是流通加工与合理商流相结合的一个成功的例证。此外，通过简单地改变包装加工，形成方便的购买量，通过组装加工解除用户使用前进行组装、调试的难处，这些都是有效促进商流的例子。

（五）加工和节约相结合

节约能源、节约设备、节约人力、节约耗费是流通加工合理化重要的考虑因素，也是目前我国设置流通加工，考虑其合理化的较为普遍的形式。

综上所述，对于流通加工合理化的最终判断，要看是否能实现社会的和企业本身的双项效益，以及是否取得了最优效益。对流通加工企业而言，与一般生产企业的重要不同之处是流通加工企业更应树立社会效益为第一的观念，只有在补充完善为己任的前提下才有生存的价值。如果只是追求企业的微观效益，不适当地进行加工，甚至与生产企业争利，这就有违流通加工的初衷，或者其本身已不属于流通加工范畴了。

第三节 几种典型的流通加工

目前，现代物流活动多根据区域和客户群体的客观需求，设置各种流通加工的形式，这些形式不仅存在于物流作业固定场所的活动中，还存在于商品流通过程的物流活动中。其形式主要如下：

一、水泥的流通加工

水泥的流通加工包括以块状或颗粒状的熟料代替粉状的水泥进行输送。

二、商品混凝土的流通加工

商品混凝土的流通加工包括先将粉状水泥输送到使用地的流通加工点，在那里搅拌成混凝土，然后供给各个工地或小型构件厂使用。

三、钢板的流通加工

钢板的流通加工包括在流通领域设置钢板的剪板或下料加工点。

四、木材的流通加工

木材的流通加工包括磨制木屑压缩输送和木材的集中下料。

五、煤炭及其他燃料的流通加工

煤炭及其他燃料的流通加工包括除矸加工；为管道输送煤炭进行的粉末加工；为冶炼厂进行的配煤加工；天然气、石油气的液化加工。

六、平板玻璃的流通加工

平板玻璃的流通加工包括集中套裁，开片供应（应在城镇或其他用户集中区设立若干个玻璃套裁中心，以便直接面对用户并按用户提供的图纸对平板玻璃进行开片加工）。

七、生鲜食品的流通加工

生鲜食品的流通加工包括冷冻加工、分选加工、精制加工、分装加工。

八、机械产品及零配件的流通加工

机械产品及零配件的流通加工包括组装加工和石棉橡胶板的开张成型加工。

本章小结

流通加工从教学的角度来说，应该具有必要的作业场合或一定的过程操作内容，但是现实中的大部分教学实训很难以这种方式表达出来。因此，本章主要采用了以文字的形式对流通加工相关内容进行了描述。通过对本章实训内容的描述，应让学生了解流通加工的概念，理解流通加工的含义以及流通加工合理化的意义，使学生掌握流通加工常用的方法，并根据所学内容启发学生对流通加工环节产生较深刻的感悟。

自测题

（1）什么是流通加工？与生产加工相比，流通加工有何特点？

（2）举例说明你所见到的流通加工实例。

（3）分析不合理的流通加工方式有哪些？如何实现流通加工合理化？

课后案例分析

食品的流通加工

食品的流通加工的类型很多。只要我们留意超市里的货柜就可以看出,那里摆放的各类洗净的蔬菜、水果、鸡翅、香肠、咸菜等都是流通加工的结果。这些商品的分类、清洗、贴商标和条形码、包装等是在摆进货柜之前就已进行了加工作业,这些流通加工都不是在产地,已经脱离了生产领域,进入了流通领域。食品流通加工的具体项目主要有如下几种:

一、冷冻加工

冷冻加工是指为了保鲜而进行的流通加工,即为了解决鲜肉等在流通中保鲜以及装卸搬运的问题,采取低温冻结方式的加工。这种方式也用于某些液体商品、药品等。

二、分选加工

分选加工是指为了提高物流效率而进行的对蔬菜和水果的加工,如去除多余的根叶等。农副产品规格、质量离散情况较大,为获得一定规格的产品,采取人工或机械分选的方式加工称为分选加工。这种方式广泛用于瓜果类、谷物类、棉毛原料等。

三、精制加工

农、牧、副、渔等产品的精制加工是在产地或销售地设置加工点,去除无用部分,甚至可以进行切分、洗净、分装等加工,可以分类销售。这种加工不但大大方便了购买者,而且还可以对加工过程中的淘汰物进行综合利用。例如,鱼类的精制加工所剔除的内脏可以制成某些药物或用作饲料,鱼鳞可以制高级黏合剂,鱼头和鱼尾可以制鱼粉等;蔬菜的加工剩余物可以制作饲料、肥料等。

四、分装加工

许多生鲜食品零售起点较小,而为了保证高效输送出厂,包装一般比较大,也有一些是采用集装运输方式运达销售地区。这样为了便于销售,在销售地区按所要求的零售起点进行新的包装,即大包装改小包装、散装改小包装、运输包装改销售包装,以满足消费者对不同包装规格的需求,从而达到促销的目的,这便是分装加工。

此外,半成品加工、快餐食品加工也成为流通加工的组成部分。这些加工形式节约了运输等物流成本,保护了商品质量,增加了商品的附加价值。例如,葡萄酒是液体,从产地成批量地将原液运至消费地配制、装瓶、贴商标,之后包装出售,既节约运费,又安全保险,以较低的成本,卖出较高的价格,附加值大幅度增加。

案例思考:

(1) 对食品进行流通加工,其作用体现在哪些方面?

(2) 与生产加工相比,流通加工有何特点?

第九章　分拣

【实训目标】

通过学习分拣作业，认识分拣在配送环节中的重要地位，了解分拣的基本含义，熟悉掌握分拣作业的基本做法，掌握不同货物分拣作业中应注意的相关事宜。

【实训条件】

分拣具有货物配送中作业较集中的特点，需要一定的场所和货物的集散，应考虑场所、道路和通道的问题，必要时应增加货物分区分类的作业内容。如考虑社会发展因素，还应注意分拣作业的自动化和智能化的问题。

【关键概念】

分拣、分拣系统、分区分类。

【引导案例】

卷烟商业配送中心面向全国卷烟企业购入卷烟，向行政区内持有卷烟销售许可证的零售商户销出卷烟，以件为单位进货，以条为单位配送出库，是十分典型的流通加工型配送中心。面对当前国内卷烟配送趋于多规格、小批量，配送卷烟的种类、数量和经营户数量急剧增加的发展状况，传统的低效率、易出错的人工分拣方式已经不能满足市场需要。因此，各地卷烟配送中心纷纷采用先进的信息管理系统和物流设备，以全新的作业流程替代传统的物流运作模式，大幅提高作业效率和客户服务水平。在这一过程中，既有集国外一流系统与设备建成的具有国际领先水平的卷烟物流中心，又有以实用、适用、够用为原则建立的一大批地区级卷烟物流中心。吉林省烟草公司长春分公司（以下简称长春烟草）物流中心就是后者中的典型。

一、物流中心的基本情况

长春烟草下辖南关、宽城、朝阳、二道、绿园 5 个区级烟草专卖分局（营销部），农安、榆树、九台、德惠和双阳 5 个县级烟草专卖局（营销部）。长春烟草物流中心平均每天要满足 2 000 个客户的需求，完成 1 500 件烟的分拣配送量。由于在长春市 724 万人口中，农村人口就有 400 多万，因此决定了长春市卷烟市场结构偏低。在这种情况下，长春烟草认识到物流中心的建设不能一味追求先进性，只有选择适合自己实际的物流系统才能在满足客户需求的同时降低物流成本。

长春烟草物流中心主要由卷烟自动存取系统与设备、条烟分拣系统与设备、管理信息系统三部分组成。卷烟存取采用立体仓库系统，成品烟存储量为 5 000 大箱。每天的条烟分拣量都在 10 000 箱以上，采用两组 A 字形自动分拣线（也称为"A 型架"），分拣工人 70 人左右，分两班作业。每天上午接受零售商户的订单，经过信息系统处理，下午两点开始分拣作业，然后按照配送线路装车，第二天一早配送到户。信息中心依托管理信息系统，完成长春市内（外县）卷烟销售点的信息采集、电话订购、订购信息处理与分拣单生成等工作。

库存量：标准库存量 5 000 大箱（25 000 件），以托盘承载，20 件/托盘。

入库量：400 件/车，20 分钟/车。

卷烟种类：约 140 种，每天配送卷烟种类约 100 多种。

订单处理量：2 000 个用户/天，日配送流量 1 500 件/天。

发货：自有配送车辆 30 辆，依维柯汽车和金杯汽车各 15 辆，3~6 辆车同时发货。

工作时间：发货 3 小时（早班为 8：00~11：00），分拣 6 小时（晚班为 14：00~20：00）。

二、配送中心的规划设计

科学专业的规划设计是保证物流中心高效运作的关键。长春烟草物流中心的设计原则如下：

第一，按 30 条送货线路（对应于 30 辆送货车）对订单进行归类。每天要完成 2 000 个订单的送货任务，平均每条线路约完成 67 个订单。

第二，分拣作业区有两组 A 字形自动分拣系统，每条分拣线左右两侧分别处理各自的订单，两条线可同时处理 4 个订单。按 4 条分拣线对发货线路进行归类，设定 30 条配送线路，平均每条分拣线对应 7.5 个发货方向线路，即 502 个订单。

第三，在分拣作业时，每一组分拣系统按照对应线路的订单次序逐单分拣，同时可保证分拣烟箱码放和发货的顺序，这样 4 条分拣线可同时分拣 4 条发货线路的订单。

第四，一般情况下，头天下午至晚上为第二天一早的发货做好分拣和备货准备。

在整个物流系统中，分拣系统的设计尤为关键。分拣作业区要完成的工作包括重力式货架的件烟补货、A 字形自动分拣机的条烟补货、条烟自动分拣、特品条烟分拣等工序。分拣作业区主要包含两组相对独立的 A 字形自动分拣线，可同时进行 4 个订单的分拣工作。

进行 A 字形自动分拣线的规划。按照长春烟草的实际业务数据，在全部约 140 个卷烟品种中，除发货量最大的两个品种（A 类，平均 7 条/单）和次大的三个品种（B 类，平均 1 条/单）外，其余品种所对应的分拣量远低于 1 条/单（包括 C 类、D 类）。因此，设定 A、B、C、D 类烟每个品种所占分拣烟道数分别为 6、2、1、1 道。每天分拣的品种数约为 100 个，因此 A 字形自动分拣线总烟道数需 $6×2+2×3+1×82=100$ 个。A 字形自动分拣线由左右两条分拣线组成，每台分拣机两侧各有 20 个烟道，整条分拣线共有 200 个烟道。

考虑重力式货架的规划。为方便补货，同时兼顾重力式货架的合理有效利用，每天分拣的卷烟按两种类型来处理。一类是基本上每天都有需要的卷烟（包括 A、B、C 类），约 100 个品种，这类烟从重力式货架补货（上件烟）；另一类是几天才分拣一次的卷烟（D类），约60个品种，这类烟从北侧和南侧靠墙的搁板式货架补货，其中有20个当天分拣。对应于A字形自动分拣线，重力式货架对应于每个A、B、C类烟道需要1个补货货格。重力式货架有3层，每排需要的货格为（140-40）÷3＝33列，实际每排货格数为36列。

三、不断优化的分拣系统

最初建成时，长春烟草物流中心的分拣流程如下：

第一，香烟被放上A字形分拣机后，通过分拣程序被自动分配到传送带上，再通过激光打标机自动打标。

第二，香烟经过点数机（按客户需求隔离），由分拣员根据分拣程控室提供的分拣详单，单条装入周转箱，箱上粘贴箱号，之后装车送到各终端零售商户。发货时，配送人员事先要到分拣程控室领取分拣详单，根据分拣详单和箱号相对应，把香烟分送给零售商户。

但是经过一段时间的运行，长春烟草物流中心发现上述作业流程容易产生如下问题：

第一，分拣工作量大。由于是单条装箱，在三班倒的工作模式下，夜班工人经常要工作到深夜两三点。

第二，装烟错误率高。由于全部是人工操作，经常出现"串烟"现象。

第三，信息化程度低。由于按照分拣程控室提供的分拣详单装箱，无法实现针对每个卷烟零售户的实时信息管理。信息无法实时更新，出错反查的难度很大。

第四，外包装形象差。由于是单条卷烟直接交给客户，没有好的外包装，给卷烟零售户的形象感觉差。

2006年10月，为了解决卷烟分拣作业存在的问题，更好地服务于广大卷烟零售商户，长春烟草决定对原有流程进行调整。在引进了叠层自动套膜封口热收缩包装机和高速标签打印机，分别用于自动分拣后的卷烟包装与外包装加贴标签后，新的分拣、配送作业流程如下：

第一，经A型架自动分拣、打标后的香烟经过点数机（按客户需求隔离）后，进入叠层自动套膜封口热收缩包装机进行包装。

第二，包装好的香烟由分拣员与计算机显示的分拣信息进行核对，准确无误后粘贴同步打印、输出的外包装标签（包含零售商户信息及其所需香烟信息），并装入周转箱。

第三，配送人员根据包装上的标签信息将卷烟分送到终端客户。

四、应用效果

采用新的工作流程后，各方反应良好。长春烟草物流中心的经济效益与社会效益也明显上升。

首先，物流作业效率大幅度提高，配送差错率大幅降低。系统分拣能力由原来的每条分拣线每小时分拣3 000条卷烟，提高到5 000条，工人每班的工作时间减少了1.5~2小时左右，加班现象基本没有了。分拣员反映新的工作程序简单明了，由分拣屏幕的"一户一屏"信息替代了"分拣详单"，明显减少了以前比对过程中发生的错误，大大提高了工作效率，减少了由人工操作失误造成的多烟、少烟、串烟现象。运送员反映在外包装上的标签替代了"分拣详单"与箱号，根据标签送货到户，简化了工序，也杜绝了串烟现象的发生。

其次，卷烟配送流程管理更加规范高效。由于贴标规范，信息反馈及时，系统实时更新，方便物流中心在配送的各个环节实施监控。

最后，也是最重要的，客户满意度直线上升。零售商户在收到用热收缩薄膜套膜包装的卷烟时说："这种薄膜包装不仅防潮、抗摔、轻便，还能让我们清晰辨别出送来卷烟的品牌、数量及包装情况，验货更加方便、快捷。比原来更有利于保存卷烟，既节省了空间，又能防潮隔味，给经营带来很大的便利。"同时，由于热收缩薄膜包装技术含量较高，非法烟贩不易模仿，对于卷烟商户辨别假冒卷烟能够起到积极作用。此外，外包装膜上标注的客户名称、编号、地址等信息清楚明确，送货员送错客户的现象也明显减少，提高了零售商户的日常经营效率。

案例思考：

（1）长春烟草物流中心分拣规划时考虑了哪些原则？

（2）长春烟草物流中心分拣管理采取了哪些措施提高服务的满意度？

第一节　分拣概述

一、分拣的定义与方式

分拣是指依据顾客的订单要求或配送计划，迅速、准确地将商品从储位或其他区位拣取出来，并按一定的方式进行分类、集中的作业过程。

分拣根据作业内容不同、作业条件不同会有不同的形式。分拣的方式有订单别拣取、批量拣取、复合拣取和寄递分拣四种方式

（一）订单别拣取

1. 定义

订单别拣取是指针对每一份订单，分拣人员按照订单所列商品及数量，将商品从储存区域或分拣区域拣取出来，然后集中在一起的拣货方式。

2. 特点

订单别拣取作业方法简单，接到订单可立即拣货，作业前置时间短，作业人员责任明确。但是对于商品品项较多时，拣货行走路径加长，拣取效率较低。

3. 适用场合

订单别拣取适合订单大小差异较大、订单数量变化频繁、商品差异较大的情况，如化妆品、家具、电器、百货、高级服饰等。

（二）批量拣取

1. 定义

批量拣取是指将多张订单集合成一批，按照商品品种类别加总后再进行拣货，然后依据不同客户或不同订单分类集中的拣货方式。

2. 特点

批量拣取可以缩短拣取商品时的行走时间，增加单位时间的拣货量。同时，由于需要订单累积到一定数量时，才做一次性的处理，因此会有停滞时间产生。

3. 适用场合

批量拣取适合订单变化较小、订单数量稳定的配送中心和外形较规则、固定的商品出货。需要进行流通加工的商品也适合批量拣取，之后再批量进行加工，然后分类配送，这样有利于提高拣货及加工效率。

（三）复合拣取

1. 定义

复合拣取是指为克服订单拣取和批量拣取方式的缺点，配送中心可以采取将订单别拣取和批量拣取组合起来的复合拣取方式。

2. 适用场合

复合拣取是根据订单的品种、数量及出库频率，确定哪些订单适用于订单别拣取，哪些适应于批量拣取，分别采取不同的拣货方式。

（四）寄递分拣

1. 定义

寄递分拣是邮政企业与快递企业在邮件（快件）内部处理过程中的重要工序。寄递分拣人员根据邮件（快件）封面上所书写的地址，按本企业内部自我编列的分拣路由（即路向），逐件分入相关格口或码堆，并装入相关容器完成邮件（快件）的分发归类，以实现邮件（快件）的快速分拨工作。

2. 适用场合

在邮政企业与快递企业的分拣中，分拣分拆工序与封发工序通常紧密结合。分拣环节依据传送的规模与目的，通常分为粗分与细分两个工序。其中，细分又可分为一次细分与二次细分。

二、分拣的组织

分拣根据不同条件、不同环境、不同对象、不同作业内容、不同目的可组织不同的分拣作业。常见的分拣作业按收发过程不同可分为目的地分拣、中转场所分拣、出发地分拣；按分拣作业的规模不同可分为物流中心分拣、配送中心分拣、批发市场分拣、零售商店分拣；按分拣作业的操作不同可分为人工分拣、半自动化分拣和自动化分拣；按分拣作业的客户需求的方式不同可分为定期分拣和随机分拣；按分拣作业的分拣对象不同可分为整体分拣和分拆分拣等。

分拣根据组织形式的不同，其作业要求和装备需求也不相同。现实中的分拣组织应根据实际情况，量力而行地做好分拣作业的组织，以保证分拣作业顺利进行。

第二节　分拣系统

分拣系统是分拣作业的具体执行环节，针对不同行业、不同企业、不同规模、不同用途，分拣系统各不相同。目前常见的分拣系统有人工作业分拣系统、半自动化作业分拣系统、自动分拣系统等。

一、人工作业分拣系统

人工分拣作业是分拣系统中常见的一种作业形式，常出现在中小型企业的分拣作业中，或出现在分拣作业规模较小的场合。人工分拣作业常见的分拣作业方法有播种法、摘果法和蚂蚁拣货法等。

（一）播种法

播种法是指将每批订单上的同类商品各自累加起来，从储存仓位上取出，集中搬运到理货场所，然后将每一客户所需的商品数量取出，分放到不同客户的暂存货位处，直到配货完毕。

（二）摘果法

摘果法是指让拣货搬运员巡回于储存场所，按某客户的订单内容挑选出每一种商品，巡回完毕也完成了一次订单配货作业。

（三）蚂蚁拣货法

蚂蚁拣货法是配送中心常用的一种分区拣货方法，是指把整个拣货区分成几个区，每张订单都从 A 开始，而 A 的拣货员只负责分拣订单上所有的在 A 区的项目。当他完成所有 A 区项目的分拣后，就把订单交到 A 区和 B 区之间的交接点，而 B 区的拣货员则会从交接点取得订单，继续进行订单上 B 区项目的拣货。以此类推，订单依次经过 A 区、B 区、C 区……最后到达装货区的时候，所有商品的分拣也就完成了。

二、半自动化作业分拣系统

半自动化作业分拣系统是目前大多数分拣作业场合经常使用的方式，主要用于有一定作业规模的场合中。大多数的公路、铁路、航空、水路的中转类场站基本上都适用这种形式。在社会商品的流通环节中，规模较大的行业和企业也多采用这种形式。像中国邮政速递物流（EMS，下同）的航空快件的分拣，基本使用了半自动化的分拣作业系统。下面以 EMS 某省级航空邮件的半自动化分拣系统为例，说明分拣的主要作业过程。

EMS 航空快件的半自动化分拣系统主要用于出发地、中转地和到达地的货品分拣分拆和航空信件分拣的分类处理。其基本功能主要利用快速的货物传输系统，在货物的传输过程中自动或人工完成货物目的地的挑选作业，其中对集中流向包裹较大的物件进行必要的分拆分理，以归类不同目的地货物的放置和方便被分拣物件的运输和搬运。在货物和信件的出发地和目的地的辨别上，半自动化分拣系统基本是用手工操作信息采集终端完成对货品和信件出发地和目的地的扫描，在对货物和信件扫描后，将货物和信件放入发往不同目的地的邮包。邮包装满封口后，再由自动传输系统将邮包输送到下一个作业的指定岗位，完成货物和信件的分拨和派发作业。

半自动化分拣系统的作业岗位主要由输送线上作业的分拆员、分拨员、分拣员组成。其作业流程和内容主要如下：

（一）分拆员

分拆是分拣作业首先进行的一项重要的准备工作，它对到达的邮包进行必要的拆包处理，将来自不同方向的邮包进行分拆检出。在检出中对货品进行扫描后被送往临近传输带，输送到分拨环节进行货品的分拨处理。对信件扫描处理后投入文件箱，送往文件、邮件班处理。

1. 分拆作业的作业流程

（1）记录被分拆邮包的信息；

（2）打开邮包，扫描被检出货品或信件；

（3）归类处理各类货品和信件；

（4）使被检出货品送达下一步指定工序；

（5）完成分拆作业。

2. 分拆作业的操作要求

（1）熟悉分拆电脑的操作系统；

（2）拆包手法熟练，轻拿轻放。

3. 分拆作业的注意事项

（1）货品和信件要分别送达不同的传送带；

（2）大型货物单独运送；

（3）送达本埠区域的货物单独处理；

（4）对需要转换运输方式运送的货物应更改"送达属性"信息；

（5）对发送到省外的货物直接上传输带进行省份的分拨，发送到省内的货物在传输带上经扫描后进行市县的分拨。

（二）分拨员

分拨员主要工作在传输线的固定岗位上，负责传输线上到达货物的下线分类装填、打包及近距离搬运等作业。

1. 分拨作业的作业流程

（1）对传输线上到达的货物按地区分类下线；

（2）扫描下线货物或邮件，装入袋中；

（3）将货物或邮件信息打印出来；

（4）检查货物收发地是否正确，封袋口；

（5）将打印出来的货物或邮件的信息粘贴在袋口处；

（6）将袋子搬运并装入运输卡车内；

（7）分拨作业结束。

2. 分拨作业的操作要求

（1）熟悉分拨货物发送地域的归属信息；

（2）熟悉扫描系统的操作步骤和内容；

（3）熟悉扎袋口技术，提高分拨效率；

（4）认真负责，轻拿轻放。

3. 分拨作业的注意事项

（1）确认货物准确无误的发送地；

（2）选择正确的邮袋；

（3）袋内货物与袋外货物信息一致；

（4）袋口捆扎结实，避免遗漏。

（三）分拣员

EMS 中转场站的分拣通常是对固定堆放地点的货物或邮件进行集中分拣作业，由分拣员手持信息扫描终端机对堆积货物或邮件进行分类挑选处理，并放置到不同地点、位置或装件容器处，完成发往不同地点货物的明确区分，然后按不同发送目的地，由下道工序完成货物或邮件的邮袋装填及发送。

1. 分拣作业的作业流程

（1）检查下线货物或邮件的外部完好情况；

（2）观察被扫货物或邮件的信息或条码的清晰度；

（3）手持信息扫描终端机扫描货物的信息或条码；

（4）对扫描过的货物或邮件进行分类放置；

（5）完成货物或邮件的分拣作业。

2. 分拣作业的操作要求

（1）熟悉分拨货物发送地域的归属信息；

（2）熟悉扫描系统的操作步骤和内容；

（3）熟悉分拣归类位置，提高分拣效率；

（4）认真细致，避免错分。

3. 分拣作业的注意事项

（1）确保分拣后货物选用的发送地邮包准确无误；

（2）准确无误地进行装袋操作，避免混入其他邮件；

（3）扎实地捆扎袋口，避免遗漏；

（4）准确无误地粘贴相关信息。

（四）总接发环节

半自动化分拣系统除了以上作业外，还需要总接发环节，主要负责记录装车情况、安排搬运工码货等项目的作业。

1. 总接发作业的作业流程

（1）辨别车辆来源地；

（2）记录车牌号、车辆类型、封门号码、卸货地点、货物数量；

（3）记录车辆的卸货状况；

（4）将卸下的货件回归应属地方。

2. 总接发作业的操作要求

（1）熟悉外来车辆归属地信息；

（2）熟悉后续分拣系统的作业内容；

（3）准确、认真、细致地处理接发货物。

3. 总接发作业的注意事项

（1）熟悉到达车辆的牌号属地；

（2）应尽量靠近传送带附近的卸货点卸货；

（3）装车时注意货物所属类别，避免将其他类别的货物装入车内；

（4）填写正确的装车单据，并请司机关闭车门，用压码方式封门。

三、自动分拣系统

自动分拣系统的主要设备是自动分拣机。自动分拣机是将混在一起而去向不同的物品按设定要求自动进行分发配送的设备。自动分拣机主要由输送装置、分拣机构、控制装置等组成。自动分拣机种类很多，较为先进的主要有三种：滑靴式分拣机、翻盘（翻板）式分拣机、交叉带式分拣机。

（一）自动分拣系统的作业描述

物流中心每天接收成百上千家供应商或货主通过各种运输工具送来的成千上万种商品，在最短的时间内将这些商品卸下并按商品品种、货主、储位或发送地点进行快速准确的分类，将这些商品运送到指定地点（如指定的货架、加工区域、出货站台等）。

当供应商或货主通知物流中心按配送指示发货时，自动分拣系统在最短的时间内从庞大的高层货架存储系统中准确找到要出库的商品所在位置，并按所需数量出库。

将从不同储位上取出的不同数量的商品按配送地点的不同运送到不同的理货区域或配送站台集中，以便装车配送。

（二）自动分拣系统的主要特点

第一，能连续、大批量地分拣货物。

第二，分拣误差率极低。

第三，分拣作业基本是无人化。人员的使用仅局限于以下工作：

（1）送货车辆抵达自动分拣线的进货端时，由人工接货；

（2）由人工控制分拣系统的运行；

（3）分拣线末端由人工将分拣出来的货物进行集载、装车；

（4）自动分拣系统的经营、管理与维护。

（三）自动分拣系统的组成

1. 控制装置

控制装置的作用是识别、接收和处理分拣信号，根据分拣信号的要求指示分类装置按商品品种、商品送达地点或货主的类别对商品进行自动分类。

2. 分类装置

分类装置的作用是根据控制装置发出的分拣指示，当具有相同分拣信号的商品经过该装置时，该装置运作，使其改变在输送装置上的运行方向进入其他输送机或进入分拣道口。

3. 输送装置

输送装置的主要作用是使待分拣商品通过控制装置、分类装置，并且输送装置的两侧一般要连接若干分拣道口，使分类后的商品滑下主输送机（或主传送带）以便进行后续作业。

4. 分拣道口

分拣道口是由钢带、皮带、滚筒等组成滑道，使商品从主输送装置滑向集货站台，在那里由工作人员将该道口的所有商品集中后或是入库储存，或是组配装车进行配送作业。

本章小结

通过本章的学习，使学生了解分拣作业的含义，理解分拣作业在配送中的作用，掌握分拣作业的具体内容、作业类型和实际操作步骤以及有关注意事项。本章结合实际操作的具体内容对分拣过程中的做法和内容进行较细致的说明，对学生实际操作技能的提升将会起到积极的促进作用。

自测题

（1）如何理解分拣作业在物流活动中的作用？

（2）对人工分拣作业的操作方式有何认识？

（3）浅谈分拣作业的发展前景。

课后案例分析

彬泰物流公司的经营

从食品制造业起家的泰山企业集团，和台湾地区其他一些食品制造业者一样，经营了自己的连锁便利商店，为自己的商品提供了一个更好、更广的销售通路。泰山企业集团接手 NIKO MART 日光便利商店后，便将其命名为福客多商店，目前已有 200 多家连锁店。

由泰山企业集团投资的彬泰物流公司旗下分成物流与行销两个部门。除了大园物流中心，还有两个转运站与泰山营业所。其中，以大园物流中心的软硬体设备最具现代化及自动化。目前会计部门仍设在员林，账户与订货等作业资料以专线传回台北与大园。

一、彬泰物流公司的回顾及设备

彬泰物流公司成立于 1987 年，在 1989 年时，该集团总裁带领高级主管到美国、日本参观考察各地的物流中心。从 1990 年开始规划，并展开各项工程、教育训练的签约活动，土地、厂房设备、电脑、工作流程等也都相继开始运作。1991 年与国际商业机器公司（IBM）合作开发作业软件，1993 年物流中心正式设立于大园。大园自有车辆与契约车共 50 余部，库存的品项大约 6 000~7 000 种。

大园物流中心的规模，在硬件方面主要是厂房设备和电脑；在软件方面可分为自动化、资讯化两方面；在功能设计上主要有商品保存、配送服务等。

二、配送能力

目前大园物流中心的配送店数量为 750 家，配送对象除了福客多商店外，也帮 OK 便利商店、小豆苗商店以及零散的单独店进行商品配送服务。配送的品项包括常温食品、日用品等共 2 300 多种，上游供应的厂商有 300 多家。目前配送的前置时间为 24 小时，北部门市在下午 3 点前订货，彬泰物流公司在次日早上 8 点开始拣货，大约 8 点半开始出车送货，最后出车时间大约是下午 5 点，目前暂无实施夜间配送。中南部门市大约是中午 12 点前订货，第二天就能送到中南部的转运中心，从转运中心再送到门市。

对于福客多门市采取每天到店配送，对于 OK 便利商店的货则是调配三次，对于其他服务对象则依各店需求有不同的配送次数。配送福客多店铺的车，不会再夹杂其他单独店的商品，但是其他单独店的商品则会合在一起配送。

三、软件设备

大园物流中心的主电脑为 IBM，主机设在台北总公司，平时是通过一条数据专线进行联系。门市的订货由嵌入式操作系统（EOS）传送到台北总公司，处理后的资料再传到大园物流中心。在资讯系统方面，使用 Windows NT 为作业平台，运用 Exceed 物流专业软件，包括接收门市订单、对上游厂商的订货、对账、拣货绩效评估、退货、传真。当库存量不足时，电脑还会自动显示订货建议。

四、电脑控制的自动仓储

在硬件设备方面，一部分是采用委托日本设计的自动仓储设备。自动仓储设备属于整箱出货区，由电脑连到控制台，操作机械手臂。自动仓储区高约 14 米，共分 6 层，每层高度 1.8 米左右，每列的货架有 299 个储位，四列货架共有 1 196 个栈板储位。每个栈板都采用 1.1 米正方的标准规格，有两台机械手臂负责存取货品的工作。所谓的机械手臂，其实只是一块具有上下左右来回移动功能的铁板，机械手臂的动作完全由电脑控制。在进货时，电脑会自动纪录该品项存放的储位及时间；在出货时，事先由控制中心将商品品项及总出货数量输入电脑，电脑会自动选取该品项最先存入的栈板位置，列印出该品项的出货储位清单。工作人员出货时，将该储位的电脑代号输入机械手臂前的电脑，电脑便会指挥机械手臂捡取。由机械手臂存取每个栈板的时间约为 73 秒。拿出来的栈板需由人工依照捡货表将各店所需数量进行分配。目前每天平均进出的栈板约有 400 个，其中大约有 300 个品项，保持库存的大约有 100 多种品项。

每天的拣货时间是从早上 8 点到下午 5 点，不过通常会到晚上 7 点左右才能拣完货品。

此处的栈板比一般的重量棚要稳得多，存取栈板时货品不会掉落，因此不需要用塑胶圈将货物箱捆起来，省掉了大量的塑胶圈费用，还免掉捆包与拆封的时间和人力。厂商将货物运下车后，直接存放在栈板上，便可由机械手臂送入仓储。因为设有电眼侦测的装置，所以即使发生物品掉落的情形，系统也会自动断电停机确保安全。在盘点时，也可改由手动操作，让盘点人员入内逐层盘点。一般盘点工作分成两种：一种是平时抽点，由电脑随机选取栈板出来抽点；另一种是半年一次的大盘点，盘点人员进入存放区逐层盘点。

五、重量棚

重量棚也是属于整箱出货区，不过此区是存放较重的物品，如米、饮料等。重量棚共有 650 个拣货储位，存放 800 项商品，下层为出货区，上面为暂存区。重量棚以电板车搬运和存取栈板，用奇数和偶数区分不同的储位巷道，使工作人员能够很容易辨别方位进入状态，因此可以雇用许多兼职人员，节省人力成本。

为了维持商品的新鲜度和节省存放空间，库存一般不会太多。对经常缺货的畅销商品或是遇到春节前由于厂商有较长的时间无法供货，则会有大约半个月的储存量。如果制造商的工厂在南部，为了节省运输时间和降低成本，一般一次会订购一台货车的数量，一般商品（如饮料）的平均回转周期是 7 天一次，库存量都不多。

六、流动棚

位于二楼的流动棚主要是以散装商品为主，货物从一楼由电梯运上来，放在架上，工作人员依拣货单拣货，一次拣一家店铺的货。彬泰物流公司的服务对象较复杂，不像其他便利商店的物流中心，只是体系内物流，因此无法应用电子标签拣货系统。除了福客多商店每家店的订货商品较多，其他像 OK 便利商店（只负责一部分常温商品的配送）以及单独店的订货都比较少，如果使用电子标签，在输送带上一次只能拣一家店的货，效率比较低，因此取消了以前曾经使用过的电子标签系统。二楼另外还有一个房间，专门放置洋酒等高单价的商品，也是使用流动棚，拣货人员也是依照拣货单拣货。从此区出货的商品，司机会和门市的验收人员一一对照清楚；从其他区出货的商品，司机和验收人员则只核对箱数而已。由于此区商品单价高，所以除了此区的工作人员外，限制其他人的进入。

七、组织体系

彬泰物流公司在组织体系上分成流通事业、行销营业、经营管理中心、管理部、财务室五个部门，目前大约有100名工作人员。另外该公司在林口还有一个书籍配送中心，品项约有250种左右。由于书籍杂志的时效性很重要，所以需要每天配送。

八、经营上遇到的问题及努力的目标

彬泰物流公司目前经营上有以下几个问题需要克服：

第一，每次送的商品量过多，需要比较多的人力与验收时间。

第二，由于门市人力有限，店主往往需要另外增加兼职人员帮忙验收。

第三，需进一步降低欠品率、错误率。

第四，由于服务对象较多，同一样商品可能有好几种价格，造成作业上的负担。

彬泰物流公司今后将设法开拓物流通路，增加服务对象，以增加营业额；设法扩充厂房，增加配送商品，减少人力和运送时间；设法减少商品的损耗及耗材的浪费，以达到节流的目的；设法采取策略联盟的方式，联合采购，降低成本，提高商品的毛利润率。

案例思考：

（1）对案例中的做法有何评价。

（2）对案例中遇到的问题有何建议。

第十章　配装与点货上车

【实训目标】

配装与点货上车环节是配送作业中较为重要的作业内容，通过配装与点货上车实训，要求学生认识到合理配装和点货上车对提升运输效率所起的作用；使学生能从客观环境的角度把握配装与点货上车环节中的各种操作方式和方法；培养学生的团队合作精神和吃苦耐劳精神。

【实训条件】

实训现场配备必要的装车装货器械或通过现场观摩参观等方式进行。实训中应把握配装与点货上车的作业经过，装车货物的自身特性等。

【关键概念】

配装、点货上车。

【引导案例】

百胜物流降低连锁餐饮企业的运输成本

对于连锁餐饮这个锱铢必较的行业来说，靠物流手段节省成本并不容易。然而作为肯德基、必胜客等业内巨头的指定物流提供商百胜物流公司，在运输环节上大做文章，通过合理地运输安排降低配送频率、实施歇业时间送货等优化管理方法，有效地实现了物流成本的"缩水"，给业内管理者指出了一条细致而周密的降低物流成本之路。

对于连锁餐饮业（QSR）来说，由于原料价格相差不大，物流成本始终是企业成本竞争的焦点。据有关资料显示，在一家连锁餐饮企业的总体配送成本中，运输成本占到60%左右，而运输成本中的55%~60%又是可以控制的。因此，降低物流成本应当紧紧围绕运输这个核心环节。

一、合理安排运输排程

运输排程的意义在于尽量使车辆满载，只要车辆载货量许可，就应该进行相应的调整，以减少总行驶吨位里程。由于连锁餐饮业餐厅的进货时间是事先约定好的，这就需要配送中心按照餐厅的需要，制作一个类似列车时刻表的主班表。此表是针对连锁餐饮餐厅的进货时间和路线详细制定的。在制定主班表时，安排主班表的基本思路是先计算每家餐厅的平均订货量，设计出若干条送货路线，覆盖所有的连锁餐厅，最终达到总行驶里程最短、所需司机人数和车辆数量最少的目的。在主班表确定以后，是每日运输排程，审视每天各条路线的实际货量，根据实际货量对配送路线进行调整，通过对所有路线逐一进行安排，可以去除几条送货路线，至少也能减少某些路线的行驶里程，最终达到增加车辆利用率、增加司机工作效率和降低总行驶里程的目的。

二、减少不必要的配送

对于产品保鲜要求很高的连锁餐饮业来说，尽力和餐厅沟通，减少不必要的配送频率，可以有效地降低物流配送成本。如果连锁餐饮餐厅要将其每周配送频率增加1次，会对物流运作的哪些领域产生影响呢？在运输方面，餐厅所在路线的总货量不会发生变化，但配送频率上升，结果会导致运输里程上升，相应地油耗、过路（过桥）费、维护保养费和司机工时都要上升。在客户服务方面，餐厅下订单的次数增加，相应的单据处理也要增加。餐厅来电打扰的次数相应上升，办公用品（纸、笔、电脑耗材等）的消耗也会增加。在仓储方面，如果涉及的是短保质期物料的进货频率增加，那么仓储收货的人工会增加，所要花费的拣货、装货的人工会增加。在库存管理上，如果涉及短保质期物料进货频率增加，由于进货批量减少，进货运费会上升，处理的厂商订单及后续的单据作业数量也会上升。由此可见，配送频率增加会影响配送中心几乎所有职能，影响最大的在于运输里程上升所造成的运费上升。因此，减少不必要的配送，对于连锁餐饮企业显得尤为关键。

三、提高车辆的利用率

车辆时间利用率也是值得关注的，提高卡车的时间利用率可以从增大卡车尺寸、改变作业班次、二次出车和增加每周运行天数四个方面着手。假如配送中心实行24小时作业，卡车就可以利用晚间二次出车配送大大提高车辆的时间利用率。在实际物流作业中，一般会将餐厅分成可以在上午、下午、上半夜、下半夜4个时间段收货，据此制定仓储作业的配套时间表，从而将卡车利用率最大化。

四、尝试歇业时间送货

目前我国城市的交通限制越来越严，卡车只能在夜间时段进入市区。由于连锁餐厅运作一般到夜间24点结束，如果赶在餐厅下班前送货，车辆的利用率势必非常有限。随之而来的解决办法就是利用餐厅的歇业时间送货。歇业时间送货避开了城市交通高峰时间，既没有顾客的打扰，又没有餐厅运营的打扰。由于餐厅一般处在繁华路段，夜间停车也不用像白天那样有许多顾忌，可以有充裕的时间进行配送。由于送货窗口拓宽到了下半夜，使卡车可以二次出车，提高了车辆利用率。

案例思考：

（1）结合实际讲讲如何提高车辆的利用率？

（2）你认为百盛物流降低成本的方法存在哪些局限性？

第一节 配装

一、配装概述

配装是指对装车货物的种类、数量、体积、重量等的概念性设计和搭配，并充分利用运输工具的载重和容积，采用先进的装载方法，合理安排货物的搭配和承载的装车过程。

配装是合理运输和提高运输服务水平的重要环节。当配装时，对单个客户的配送需求小于车辆的载荷时，可以集中多个客户的配送需求共同配送，从而在很大程度上提高了运力的利用率，降低了配送成本。因此，配装是物流配送中非常重要也是难度较大的作业环节。

二、配装的原则

运输货物的配装应遵循以下基本原则：

（1）减少或避免差错，尽量把外观相近、容易混淆的货物分开装载；

（2）散发异味的物品与具有吸收性的食品不能混装；

（3）渗水货物与易受潮货物切勿一同存放；

（4）包装类型不同的货物应分开装载；

（5）有尖角或其他突出物的货物应与其他货物分开装载或用木板隔离，以免损伤其他货物；

（6）散发粉尘的货物与清洁货物绝不混装；

（7）重不压轻，大不压小；

（8）货物堆放要前后、左右、上下重心平衡，避免发生翻车事件；

（9）装载易滚动的卷状、桶状货物，要垂直摆放；

（10）做到先到后装；

（11）货与货、货与车辆之间应留有空隙并适当衬垫，防止货损；

（12）货物的标签朝外，方便装卸；

（13）装货完毕，门端处应采取稳固措施，以防开门卸货时货物倾倒造成货损或人身伤亡。

三、配装的方法

配送商品的种类较多，这些商品不仅表现在包装形态、运输性能不一，而且表现在密度差别较大，有的甚至相差甚远。单装实重或轻泡商品都会造成浪费。因此，配装要解决的问题主要就是在保证货物质量和数量完好的前提下，尽可能提高车辆容积和载重两方面的装载量，以提高车辆的利用率，节省运力，降低配送费用。常见的配装方法如下：

（一）货物种类不同的配装

在实际配送过程中，要把客户所需的货物组合装车，配送到客户所在地。不同客户的货物，要分别在一站或多站卸货。在装货、运输和卸货过程中，为了减少装卸、避免运输过程中出现差错，一般要根据品种、形状、颜色、规格以及配送目的地远近等条件把货物分为若干类，在配装时分别进行处理。这就是不同种类货物的配装问题。

一种货物的配装比较简单，只考虑车辆容积和载重的可承受程度。

两种货物的配装可通过简单的计算实现，常用的方法是容重（质量体积）配装法。如果需配送 A、B 两种货物，A 货物容重为 R_A 吨/立方米，体积为 V_A 立方米/件；B 货物容重为 R_B 吨/立方米，体积为 V_B 立方米/件；厢式货车的车厢容积为 V 立方米，车辆载重量为 W 吨。在既满载又满容的前提下，设货物 A 装入 X 件，货物 B 装入 Y 件，则可建立以下二元一次方程组：

$$\begin{cases} X \cdot V_A + Y \cdot V_B = V \\ X \cdot R_A \cdot V_A + Y \cdot R_B \cdot V_B = W \end{cases}$$

解方程组求得的 X、Y 的值即为配装商品的数量，详见下面例题。

例题 10-1：某配送中心要配送 A、B 两类货物，A 货物容重为 10 千克/立方米，体积为 2 立方米/件；B 货物容重为 7 千克/立方米，体积为 3 立方米/件，车辆载重量为 103 千克，车最大容积为 13 立方米。请计算最佳配装方案。

解：在既满载又满容的前提下，设 A 货物装入 X 件，B 货物装入 Y 件，则可建立以下二元一次方程组：

$$\begin{cases} 2 \cdot X + 3 \cdot Y = 1.3 \\ 10 \cdot 2 \cdot X + 7 \cdot 3 \cdot Y = 103 \end{cases}$$

解得：$\begin{cases} X = 2 \\ Y = 3 \end{cases}$

很多情况下，需要配装的商品种类很多，两种以上商品的配装一般可以采取两种方法解决。一是利用计算机，将商品的密度、体积及车辆的技术指标值储存起来，配装时输入将要配装全部商品的编号及目前可以使用的车辆的编号，由计算机输出配装方案，指示配装人员使用什么型号的车辆、装载什么商品、每种商品装多少。二是不具备计算机计算条件时，根据经验，一般是先从待配送商品中选出容重最大和最小的两种货物，利用上述二元一次方程式人工计算配装，当车辆的体积和载重尚有余地时，再在其余种类货物中选择容重次大和次小的两种货物配装剩余的车辆载重和空间，以此类推得到配装结果。也可以用运筹学或其他的数学方法实现，常用的是动态规划法。下面将对动态规划法的解题思路进行阐述。

设货车的载重量上限为 G，用于运送 n 种不同的货物，货物的重量分别为 $W_1, W_2, \cdots, W_n$，每一种货物对应于一个价值系数，分别用 $P_1, P_2, \cdots, P_n$ 表示，表示价值、运费或重量等。设 X_k 表示第 k 种货物的装入数量，货物配装问题的数学模型可以表示为：

$$\max f(x) = \sum_{k=1}^{n} P_k X_k$$

$$\text{s. t.} \sum_{k=1}^{n} W_k X_k \leqslant G$$

$$X_k > 0 \, (k = 1, 2, \cdots, n)$$

可以把装入一件货物作为一个阶段，把装货问题看成动态规划问题。由于装入货物的先后次序不影响配装问题的最优解，所以求解过程可以从第一阶段开始，由前向后逐步进行。

求解过程如下：

第一步：装入第 1 种货物 X_1 件，其最大价值为：

$$f_1(W) = \max P_1 X_1$$

其中，$0 \leqslant X_1 \leqslant [G/W_1]$，方括号表示取整。

P_1 表示第 1 种货物的价值系数（重量、运费、价值等）。

$f_1(W)$ 表示第 1 种货物的价值。

第二步：装入第 2 种货物 X_2 件，其最大价值为：

$$f_2(W) = \max\{P_2 X_2 + f_1(W - W_2 X_2)\}$$

其中，$0 \leqslant X_2 \leqslant [G/W_2]$，方括号表示取整。

P_2 表示第 2 种货物的价值系数（重量、运费、价值等）。

$W - W_2 X_2$ 表示装入第 2 种货物后的剩余载重量。

$f_1(W - W_2 X_2)$ 表示装入第 2 种货物后的剩余载重量为第 1 种货物的价值。

第三步：装入第 3 种货物 X_3 件，其最大价值为：

$$f_3(W) = \max\{P_3 X_3 + f_2(W - W_3 X_3)\}$$

其中，$0 \leqslant X_3 \leqslant [G/W_3]$，方括号表示取整。

P_3 表示第 3 种货物的价值系数（重量、运费、价值等）。

……

第 n 步：装入第 n 种货物 X_n 件，其最大价值为：

$$f_n(W) = \max\{P_n X_n + f_{n-1}(W - W_n X_n)\}$$

其中，$0 \leqslant X_n \leqslant [G/W_n]$，方括号表示取整。

P_n 表示第 n 种货物的价值系数（重量、运费、价值等）。

下面通过具体实例来说明上述求解过程。

例题 10-2：某货车额定载重量为 8 吨，要配送 4 种货物，货物重量分别为 3 吨/件，3 吨/件，4 吨/件，5 吨/件。试问应如何配装才能充分利用货车的载运能力？

解：

第一步：根据已知条件，以货物重量为价值系数，4 种货物的价值系数分别为 3、3、4、5。利用上述方法，分 4 个阶段展开计算，计算结果如表 10-1、表 10-2、表 10-3、表 10-4 所示：

表 10-1　　　　　　　　　　　　第一阶段计算表

载重量 W	0	1	2	3	4	5	6	7	8
件数 X_1	0	0	0	1	1	1	2	2	2
价值 $f_1(W)$	0	0	0	3	3	3	6	6	6

表 10-2   第二阶段计算表

载重量 W	第2种货物的装入件数 X_2	装入第2种货物后的剩载重量 $W-W_2X_2$	装入第2种货物的价值与剩余载重量装入第1种货物的价值之和 $P_2X_2+f_1(W-W_2X_2)$	装入第2种货物的最大价值 $f_2(W)$
0	0	0	0+0=0	0
1	0	1	0+0=0	0
2	0	2	0+0=0	0
3	0	3	0+3=3	3
	1	0	3+0=3	
4	0	4	0+3=3	3
	1	1	3+0=3	
5	0	5	3+0=3	3
	1	2	0+3=3	
6	0	6	0+6=6	6
	1	3	3+3=6	
	2	0	6+0=6	
7	0	7	0+6=6	6
	1	4	3+3=6	
	2	1	6+0=6	
8	0	8	0+6=6	6
	1	5	3+3=6	
	2	2	6+0=6	

表 10-3   第三阶段计算表

载重量 W	第3种货物的装入件数 X_3	装入第3种货物后的剩余载重量 $W-W_3X_3$	装入第3种货物的价值与剩余载重量装入第2种货物的价值之和 $P_3X_3+f_2(W-W_3X_3)$	装入第3种货物的最大价值 $f_3(W)$
0	0	0	0+0=0	0
1	0	1	0+0=0	0
2	0	2	0+0=0	0
3	0	3	0+3=3	3
4	0	4	0+3=3	4
	1	0	4+0=4	
5	0	5	0+3=3	4
	1	1	4+0=4	
6	0	6	0+6=6	6
	1	2	4+0=4	
7	0	7	0+6=6	7
	1	3	4+3=7	

表10-3（续）

载重量 W	第3种货物的 装入件数 X_3	装入第3种货物 后的剩余载重量 $W-W_3X_3$	装入第3种货物的价值与剩余载 重量装入第2种货物的价值之和 $P_3X_3+f_2(W-W_3X_3)$	装入第3种货物 的最大价值 $f_3(W)$
8	0	8	0+6=6	8
	1	4	4+3=7	
	2	0	8+0=8	

表 10-4　　　　　　　　　　　　　第四阶段计算表

载重量 W	第4种货物 的装入件数 X_4	装入第4种货物 后的剩余载重量 $W-W_4X_4$	装入第4种货物的价值与剩余载 重量装入第3种货物的价值之和 $P_4X_4+f_3(W-W_4X_4)$	装入第4种 货物的最大价值 $f_4(W)$
8	0	8	0+8=8	8
	1	3	5+3=8	

第二步：寻求最优解。

寻求最优解的次序与计算顺序相反，从第四阶段推向第一阶段，从价值最大的装载情况逐步向前寻求最优解。

（1）在第 4 阶段计算表中，载重量为 8 时，价值（本例为载重量）的最大值 f_4（W）＝8，对应两组数据为 X_4＝1；X_4＝0。

当 X_4＝1 时的情况如下：

当 X_4＝1 时，即第 4 种货物装入 1 件（5 吨），表 10-4 中第 3 列数字表示其余种类货物的装载量。当 X_4＝1 时，其他 3 种货物装载量为 3 吨。

（2）在第 3 阶段计算表中，当 W＝3 吨时，得到最大价值 f_3（W）＝3，对应的 X_3＝0。查表 10-3 中第 3 列数字，当 W＝3 和 X_3＝0 时，其余两类货物装入重量为 3。

（3）在第 2 阶段计算表中，查 W＝3 和 f_2（W）＝3 对应的两组数据为 X_2＝1；X_2＝0。

当 X_2＝1 或 X_2＝0 时，其他（即第 1 种）货物装载量为 0 或 3。

（4）查第 1 阶段计算表，当 W＝3 时，对应 X_1＝1；当 W＝0 时，对应 X_1＝0。

根据当前的寻找过程，可以得到两组最优解：

第一组最优解：X_1＝1，X_2＝0，X_3＝0，X_4＝1。

第二组最优解：X_1＝0，X_2＝1，X_3＝0，X_4＝1。

这两组最优解的实际载重量为：

第一组实际载重量＝X_1·3+X_4·5＝1×3+1×5＝8

第二组实际载重量＝X_2·3+X_4·5＝1×3+1×5＝8

前面的最优方案是在第四阶段取 X_4＝1 时得出的方案。

当 X_4＝0 时的情况如下：

当 X_4＝0 时，则其余种类的货物装载量 $W-W_4X_4$＝8，在第 3 阶段计算表中，查 W＝8，对应 X_3＝2，再仿照前面的方法，可以得到第三组最优解：

第三组最优解：X_1＝0，X_2＝0，X_3＝2，X_4＝0。

第三组实际载重量 = $X_3 \cdot 2 = 2 \times 4 = 8$

以上三组配装方案，都最大限度地发挥了车辆的载重能力，都是最优解。

最终的最优装载方案如下：

第一组：$X_1 = 1$，$X_2 = 0$，$X_3 = 0$，$X_4 = 1$。

第二组：$X_1 = 0$，$X_2 = 1$，$X_3 = 0$，$X_4 = 1$。

第三组：$X_1 = 0$，$X_2 = 0$，$X_3 = 2$，$X_4 = 0$。

需注意的是，以上介绍的两种及两种以上货物的配装方法在使用时是有许多前提条件的，其应用有一定的局限性。如果配装货物的性质相互冲突，则不适用上述方法，而要根据物品自身的性质安排配装。例如，易串味物品不能混装，危险品不能与其他物品混装；易碎品、怕压货应放在其他货物的上方，尽量后装先卸；流质货中如果是包装坚固的桶装货可以放在车厢底部，包装脆弱的要尽量靠车厢内壁角落，避免门口位置；等等。

（二）不同车型的配装

配送过程的车辆选用主要来源于两个方面，一是自购，二是外雇车辆。选用车辆时要根据货物的不同而定，因此用于配装的车辆类型也是多种多样的。众多车型中，无论从货车的外形尺寸、车厢尺寸、车辆载重量，还是车辆的动力性、制动性、操作性，每一辆货车都不可能完全相同，因此根据货物的性质、重要程度、运输路线、道路条件和运输价格等一系列因素选择一辆性价比最合理的车辆来配装就显得尤为重要。

1. 不同形式车辆的配装

配送货物的细分对配送车辆的专用性提出了要求，不同性质的货物配装时要选择不同形式的车辆。例如，配装大豆、玉米等颗粒状的商品要选择厢式货车；配装肉、蛋、水果、鲜花等对新鲜度要求高的商品时需使用冷藏车；配装活禽活畜类商品必须使用专门的家畜运输车辆；等等。

配送中常用车辆有以下几种：

（1）单车门厢式货车的配装。单门厢式货车是在车厢的后部开一个整个侧面的门（见图10-1），这类厢式货车可根据上述不同种类货物的配装方法，遵照配装原则进行配装。

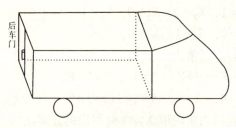

图 10-1　单车门厢式货车

（2）双车门厢式货车的配装。这类厢式货车有两个门，即车尾一个后车门，车厢的侧面同时也开一个厢门（一般在货车的右侧，装卸货时直接靠站停车，操作方便，见图10-2）。

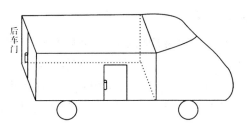

图 10-2 双车门厢式货车

双车门厢式货车是因为装卸货方便而生产的,可以采取分区的方法进行配装,以充分利用两个车门,从而缩短时间、提高效率、节约费用。分区方法如图 10-3 所示:

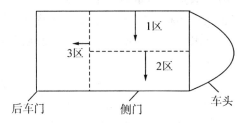

图 10-3 双车门厢式货车俯视图

图 10-3 为双车门厢式货车俯视图,虚线所示为对车厢进行分区,一般可分为 3 个区,显而易见,2、3 两个区离车门很近,装卸货物都很方便,因此配装时注意安排"后卸先装"的货物装在 1 区,"先卸后装"的货物则安排在 2、3 区,其中长、大的货物放在 3 区,因为后车门比侧门更为宽大,便于配装和卸货。

(3)多车门厢式货车的配装。在双车门厢式货车出现之后,有些厂家又推出了各种形式的多车门厢式货车,除了后车门,右侧门,还增开左侧门。甚至一些大型货车的左右两侧开了多个侧门,目的都是为了配装方便,以提高装卸速度,节省时间。配装时还是遵循"后送先装"的大原则,针对每次具体的配装任务具体分析,以找到合适的配装方案。

2. 不同吨位车辆的配装

为了降低运输费用,往往选择吨位比较大的车辆进行配装。但是吨位大的车辆运输又会受到很大的限制。第一,订单批量的限制。一个或几个客户的运输量达不到车辆额定吨位,使用大承载能力的车辆无疑是一种浪费。第二,交通法规的限制。城市对车辆都有时间和吨位的限制,一般不允许大吨位的车辆在白天进入市区送货。因此,在配装时一定要权衡各种条件,选择恰当的承载能力的车辆。

3. 不同车厢体积车辆的配装

车厢体积是根据货物的比重确定的。比重较重的货品,如冷冻货品、饮料等,应选择厢体较小或标准配置的车辆厢体。配装货物如果比重较轻,就要选择厢体较大的车辆。

对于多种车型的配装还可以采用层次分析法、线性规划法、动态规划法、传统启发式方法及现代启发式方法(如模拟退火算法、禁忌搜索算法、遗传算法)等,因篇幅所限,在此不做介绍。

（三）不同包装货物的配装

配送过程中货品种类繁多，许多货品采取的包装也多种多样，为了提高配送效率，在不影响配送质量的前提下，应对配送物品的体积尽量压缩，用箱、包、盒、桶等将零散物品标准化、成组化。对于不同运输包装的货品，可以先通过计算方法计算出配装货品的数量，再根据配送距离的远近、卸货的先后顺序，依照配装原则进行装车。

1. 箱装货的配装

普通木箱、框架、钢丝板条箱装箱时，如无其他特殊要求，外包装无破损，则可从下往上堆装。对于较重的箱装货，配装时可采用骑缝装载法，使上面的货箱压在下面两个货箱的缝隙上，利用上层货箱的重量限制下层货箱的移动。配装完毕后，如果箱门处尚有较大空隙时，必须用木板和木条将木箱总体撑牢，防止其在运输当中对箱门的冲击。对于重量较大、体积较小的木箱货，如果装载后其四周均有空隙时，必须从四周进行支撑固定。

2. 纸箱货的配装

纸箱是配送中较为常见的一种包装。纸箱货的尺寸大小不一，如果纸箱货尺寸较小，而且规格统一，可进行无空隙堆装。这种配装方式的箱容利用率较高，而且不需要进行固定，是一种最经济、最理想的配装形式。如果在配装时，纸箱之间空隙为10厘米左右，一般不需处理；如果空隙较大，则需视情况加以固定，也可以利用混装纸箱的大小变化来搭配。

3. 袋装货的配装

对装砂糖或水泥的纸袋、装粮谷的麻袋等货物堆装后，容易倒塌和滑动，为了防止袋与袋之间的滑动，可在袋装货中间插入材垫板和防滑粗纸。在堆装时，可采用砌墙堆放法和交错堆放法。

4. 托盘货的配装

托盘货主要指纤维板、薄钢板、胶合板、玻璃板、木制或钢制的门框等。这些货物的包装形式一般是用木箱。这类货物的配装方法各有不同，有的需要横装，有的需要竖装。例如，纤维板、胶合板等一般要求横装；玻璃板必须竖装（如果对玻璃板采用横装时，因其自重或重叠堆放的原因容易发生碎裂）。

实际工作中，货物配送时间是比较紧迫的，任务是复杂的，常常不可能每次都运用计算机或数学方法求出配装的最优解，因此应寻求最优解的近似解，将问题简单化以节约计算量和时间，简化配装要求、加快装车速度，以求获得综合的效果。最简单的方法就是先安排车辆装运容重大和容重小的两种货物。在装车时，先将容重大货物的装在下部，然后堆放容重小的货物，按计划或经验配装，剩余容重居中的货物直接装车派送。

第二节　点货上车

一、点货上车概述

（一）点货上车的概念

点货上车是配送中心仓储部门将出库单据与货品交给搬运部门后，由搬运部门按顺序将客户货品进行装车作业的过程。点货的依据来自于出库凭证或提货单。

（二）点货上车在配送中的作用

点货作业是确保配送货品名称、数量正确的重要保证；上车作业决定着货品流通中的质量。良好的点货上车作业能够极大地降低货品流通中的破损率，提高物流服务质量和客户满意度。

二、点货上车的作业流程

点货上车是配送过程的一个重要环节，其主要的工作内容包括领取单据、清点货品、货品出库、货品装车等。

（一）领取单据

点货上车的工作人员首先到配送部门领取出车单、送货单（或出库单），并检查单据的内容是否正确。单据的内容主要有配送区域、车牌号、客户名称、货品名称、数量等，见表10-5，10-6。

（二）清点货品

根据单据到货品存放的相应区域取货，清点装车的货品。原则上按每一家门店（每一个客户）的货品进行清点，每清点完一家门店（或一个客户），要在单据上做相应标示。

表 10-5　　　　　　　　　　　配送出车单

区域编号：　　　　　车牌号：　　　调度员：　　　　　配送司机：

门店编号	门店地址	门店名称	品种数	所需货品数量		总金额（万元）	出货位	备注
				整件	物流箱			
合计	—	—					—	

装车员：　　　　　出车时间：　　　年　　月　　日　　时　　分

表 10-6   **出库单**

送货单号：   要货单号：   打印日期：

门店：   地址：

储位	商品编码	商品名称	包装单位	整件	散货
合计	—	—	—		
备注					

配运员：   收货员：   制单人：   制单日期：

（三）货品出库

清点货品无误后，搬运工或相关人员将货品搬运到停靠车辆的月台位置准备装车。配送员确认货品正确无误后在出车单上签名确认并保留相应的存根联。

（四）货品装车

确认客户的配送顺序为逆向排序的，即先送的后装，后送的先装。

综上所述，点货上车的具体作业流程如图 10-4 所示：

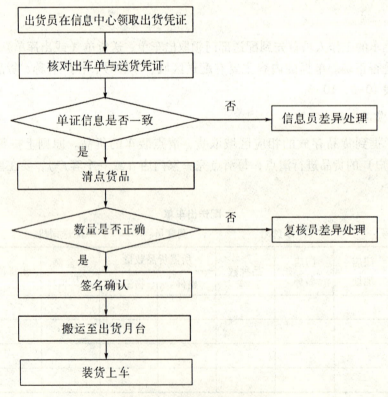

图 10-4　点货上车作业流程

三、点货上车的注意事项

第一，货与单不一致。在清点货品数量时，如果遇到货物数量多出或短少等异常情况，应立即报告相关部门负责人员，请其开具异常证明，并在出车单及送货单上标示清楚。

第二，按照积载原则装车，注重货品摆放整齐，在不同客户货品上做区别标示。

第三，根据货品包装上的注意事项对货品进行装卸搬运，防止货耗出现。

第四，确保送货单据齐全。

本章小结

配装与点货上车是配送作业的重要组成部分，通过本章内容的学习，学生应掌握配装与点货上车常用的作业方法、原则及具体步骤。必须注意的是，配装只是配送时要考虑的一个方面，如货物性质或装运有特殊要求的，就不能只从配装的满载、满容的角度来考虑和解决问题，应从多个方面综合考虑。此外，还需顾及用户处的卸货情况等问题。

配装与点货上车实训考核标准见表 10-7 和表 10-8。

表 10-7　　　　　　　　　　配装作业评价表

考核内容	考核指标	分值	实际得分
配装作业	1. 配装流程组织合理	10	
	2. 商品性质分析正确	10	
	3. 组内人员分配合理	10	
	4. 配装方案合理	25	
	5. 配装过程组织有序	25	
	6. 对本次任务的自我评价合理	10	
	7. 能够合理解答教师提出的作业中的问题	10	
合计		100	

表10-8 点货上车作业评价表

考核内容	考核指标	分值	实际得分
点货上车作业	1. 检查单据准确无误	10	
	2. 数量对点准确	25	
	3. 配送员签名确认	10	
	4. 逆序装车	25	
	5. 开具出门单	10	
	6. 对本次任务的自我评价合理	10	
	7. 能够合理解答教师提出的作业中的问题	10	
合计		100	

自测题

（1）某配送中心需要运输白糖和食盐两种货物，白糖容重为0.9立方米/吨，食盐容重为1.6立方米/吨，计划使用的车辆载重量为11吨，车辆容积为15立方米。试问如何配装使车辆的载重量和容积都能被充分利用？

（2）某配送中心拟用载重量为5吨的载货汽车，配送3种货物，3种货物的重量分别为1.5吨/件、2吨/件、3吨/件。试用动态归纳法配装这3种货物以充分利用货车的载运能力？

课后案例分析

根据销售情况，明天超市配送中心向3个不同客户发货，发货单的具体内容如表1所示。假设你是明天超市配送中心的配装人员，有一辆1.5吨位的货车和一辆1吨位的货车，请根据这3个客户的发货单来配装并组织点货上车。

表1 明天超市3个客户发货单详细资料

客户一：

货品代码	货品名称	单位	规格	数量	条码
31031101	娃哈哈八宝粥360克	箱	1×12	20	6902083880781
03091703	风行纯牛奶200毫升	箱	1×12	15	6907201292750
13020301	鲁花压榨特香菜籽油4升	箱	1×4	5	6938749816146
03010302	可口可乐600毫升	捆	1×12	15	6926026535311
53261012	奥妙净蓝全效洗衣液1千克	箱	1×6	10	6902088707410

客户二：

货品代码	货品名称	单位	规格	数量	条码
03091703	风行纯牛奶 200 毫升	箱	1×12	12	6907201292750
13020301	鲁花压榨特香菜籽油 4 升	箱	1×4	3	6938749816146
03010302	可口可乐 600 毫升	瓶	1×12	10	6926026535311
53261012	奥妙净蓝全效洗衣液 1 千克	箱	1×6	8	6902088707410
03091705	康师傅茉莉清茶 500 毫升	箱	1×12	20	6939993798431
53171102	维达卷纸 180 克	提	1×10	5	6901236375198

客户三：

货品代码	货品名称	单位	规格	数量	条码
31031101	娃哈哈八宝粥 360 克	箱	1×12	15	6902083880781
13020301	鲁花压榨特香菜籽油 4 升	箱	1×4	10	6938749816146
03010302	可口可乐 600 毫升	瓶	1×12	20	6926026535311
53261012	奥妙净蓝全效洗衣液 1 千克	箱	1×6	10	6902088707410
03091705	康师傅茉莉清茶 500 毫升	箱	1×12	8	6939993798431
53171102	维达卷纸 180 克	提	1×10	5	6901236375198
13010380	来一桶酸菜牛肉面 137 克	箱	1×12	10	6925303773038

第十一章　交单收班

【实训目标】

按照交单收班的工作步骤，正确完成实训操作过程。

（1）掌握交单收班作业的操作步骤。

（2）了解交单收班作业的注意事项。

（3）严格按照配送中心的规定完成交单收班作业。

【实训条件】

笔、所有配送单据、托盘。

【关键概念】

交单收班、车辆返回、入库交接、在库清点、货品签收、停放好车辆、交单及车钥匙、收工下班。

【引导案例】

沃尔玛公司是全美零售业务年销售收入位居第一的著名企业。目前，沃尔玛公司已经在美国本土建立了70个由高科技支撑的物流配送中心，并拥有自己的送货车队和仓库，可同时供应700多家商店，向每家商店送货频率通常是每天一次。配送中心每周作业量达120万箱，每个月自理的货物金额大约为5 000万美元。配送中心卡车配送商品到达商店，每店一周约收到1~3卡车货物。卡车回程中需要处理大量的退货商品，同时60%的卡车在返回自己的配送中心途中又捎回从沿途供应商处购买的商品。配送中心的运行实现自动化，商品都有条码，可以用激光扫描。电脑对退货的商品及配送回程时购买的商品实施了有效的跟踪。

沃尔玛公司配送作业实现了电子化和自动化，货物的配送和存放都高度精准，其入库交接、在库清点、货品签收等交单收班工作十分简单，提高了工作效率，有效降低了成本。

案例思考：

（1）沃尔玛公司凭借什么达到高效率、低成本的目标？

（2）我们从案例中可得到哪些启示？

第一节 交单收班

交单收班是配送过程的最后环节。在这一环节中，需要对配送过程中的相关事宜进行了结。了结收工的内容主要涉及配送货品交接情况如何、车辆运行情况如何以及其他有关事宜，这些内容关乎着整个配送工作的完成，也关系着整个配送服务效果的好坏。因此，需要认真做好交单收班工作。交单收班的操作步骤如图 11-1 所示：

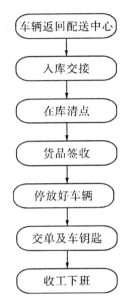

图 11-1 交单收班的操作步骤

交单收班的实训区域应在配送中心"返品处理区"与"调度中心"，见图 11-2 中的深色区域。

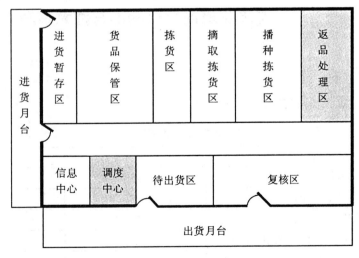

图 11-2 工作区域图

一、车辆返回配送中心

车辆按照指定路线返回配送中心。

二、入库交接

配运车辆返场后，配送员按门店逐次将退货搬运下车，分门店摆放退货。将物流箱整齐堆放在托盘上，摆放于指定位置。

三、在库清点

配送员与退货验收人员根据出车单清点物流箱数量。根据退货单信息检查货品数量、规格是否正确。

四、货品签收

配送员与退货验收人员确认无误后，退货验收人员在退货单上签字确认，并把退货单的其中一联交回配送员。

五、停放好车辆

配送员应指导司机把车辆整齐地停靠在相应的车位上。

六、交单及车钥匙

配送员到调度室上交配送单据和车钥匙。

七、收工下班

在完成所有整理、交接工作后，方可收工下班。

第二节　交单收班的评价标准与注意事项

一、评价标准

交单收班的评价标准表如表 11-1 所示：

表 11-1　　　　　　　　交单收班的评价标准表

评价指标	分值	得分
交接返品无误	25	
交接单据无误	25	
物流箱完整回收	25	
车辆停靠相应位置，上交钥匙	25	
合计	100	

二、注意事项

第一，物流箱回收要确保数量的正确。

第二，确保单据齐全，并及时交给调度室相关人员。

第三，确保每一张单据上都有配送员的签字。

第四，做好车辆的例行检查，确保车辆次日的正常运营。

本章小结

交单收班作业是物流配送作业的最后一个环节，也是很关键的一个环节。物流中心送完货后，一般会或多或少地涉及返品收回、送货单据的回收及相关物流设备的回收等。这些作业对配送中心而言有着极其重要的作用。例如，返品的收回会增加配送中心的库存，从而增加物流费用，减少了利润；送货单据又作为收款的凭证依据；出车单又作为送货员的送货凭证；物流箱的回收、车辆的管理都会影响着物流企业的收益问题。综上所述，交单收班在配送作业中占据着举足轻重的地位，应该受到企业及其工作人员的高度重视。

自测题

（1）（填空）交单收班作业是物流配送作业的_____环节，也是非常_____的一个环节。

（2）简述交单收班的七大步骤。

（3）交单收班的注意事项有哪些？

（4）请自制一个交单收班评价标准表。

课后案例分析

联华生鲜食品加工配送中心是目前我国国内设备最先进、规模最大的生鲜食品加工配送中心，商品分拣完成后，都堆放在待发库区，依照正常的配送计划，这些商品在晚上送到各门店，门店第二天早上将新鲜的商品上架。在装车时按计划依路线门店顺序进行，同时详细检查准确性。在货物装车的同时，系统能够自动算出包装物（笼车、周转箱）的各门店使用清单，装货人员也据此来核对差异。在发车之前，系统根据各个配载情况出具各运输的车辆随车商品配送单据、各门店的交接签收单和发货单。商品到门店后，由于数量的高度准确性，在门店验货时只要清点总的包装数量，退回上次配送带来的包装物，完成交单收班手续即可。一般一个门店的配送商品交单收班只需要 5 分钟，联华生鲜食品加工配送中心的交单收班效率如此之高，得益于其规范化的交单接班管理制度。

案例思考：

（1）联华生鲜食品加工配送中心如何进行生鲜食品交单？

（2）联华生鲜食品加工配送中心在交单中注意了哪些有关事宜？

第十二章 退、调货

【实训目标】

通过对本章的退、调货作业的学习，学生需要达到以下的知识目标、能力目标和素质目标：

第一，知识目标。

（1）熟悉退、调货作业的概念；

（2）了解退、调货作业产生的原因；

（3）掌握退、调货处理的基本方法；

（4）熟悉退、调货作业的一般流程；

（5）熟悉退、调货作业的一般账务处理。

第二，能力目标。

（1）能够查明货物退、调的原因；

（2）能够按照退、调货的一般流程进行退、调货处理；

（3）能够在退、调货时，注意退、调货事项。

第三，素质目标。

（1）培养团队合作精神；

（2）树立成本意识；

（3）树立责任意识。

【实训条件】

多媒体教室或实物实验室。

【关键概念】

退、调货作业。

【引导案例】

AA 超市配送中心的退、调货危机

AA 超市是广东一家以发展连锁经营为特色的超市公司，是广东地区发展较早的商业零售企业。AA 超市连续几年都稳坐广东零售业翘楚之席，是消费者最信赖的商业品牌。2013 年销售规模达 20 多亿元，门店数近 100 家。

AA 超市成立之初就拥有了统一采购、统一配送等现代连锁商业的特征。但是与其

他商业巨头相比，形似而神不似。例如，从门店订货到总部配送完全靠手工操作，手续相当繁杂，效率低下。国外零售业，如沃尔玛公司早已开始采用先进的物流配送技术，跨国商品的调配就像在本地一样迅捷。这使 AA 公司认识到必须建立现代化物流系统，降低物流成本，配送中心在连锁超市物流中占据越来越重要的地位，其集货、储存、流通加工、配货、配送等功能越来越完善。现代化物流的实现必须依靠配送中心来实现商品的集中储存和配送，以实现在企业内形成一个稳定运行、完全受控的物流系统，满足超市对于商品多品种、多批次、少批量的及时配送的要求。既有利于保证和保持良好的服务水平，又便于企业对超市物流各个环节的管理和监控。因此，AA 超市全面加大了对配送中心建设的投入和管理力度。

然而随着 AA 超市门店数量的逐渐增加，负责门店的配送业务量逐渐增加，商品出库的频率越来越高，配送的种类越来越多。这导致由于各种原因退、调货的现象越来越严重。因此，各个门店的退、调货问题一直是 AA 超市配送中心比较头痛的问题。因为退、调货处理不当、不及时等问题导致的损失非常大。由于退、调货不及时导致多次顾客的投诉，这严重损坏了 AA 超市的声誉，降低了顾客满意度水平。

AA 超市产生退、调货的原因主要有以下几个：一是门店预测需求量过大而导致的；二是货物的破损、鼠咬导致的；三是货物的保质期问题导致的；四是货物发错货，如型号规格不符等导致的。AA 超市面对头疼的退、调货处理问题陷入深深的思考。同时，AA 超市也知道，配送中心如何规划简单快捷、职责分明的退、调货处理机制是接下来的重点工作之一。

案例思考：

（1）AA 超市配送中心退、调货产生的原则和方法有哪些？

（2）AA 超市配送中心应如何改进和完善退、调货的处理过程？

在配送业务中，应尽量避免退、调货作业，因为退、调货的处理会大幅增加成本，减少利润。但是对于经过物流活动送达各个客户的商品，无论物流过程多么完善，还是存在一定的商品损毁问题，退、调货在所难免。当被退、调的产品送回配送中心时，如何处理才能使损失最小呢？

第一节 退、调货概述

一、退、调货作业产生的原因

在配送过程中，当遇到交货中或交付后由于货物包装破损、质量状况、保质期问题、配送商品与订购商品数量或质量不符等情况时，会产生退、调货。退、调货会对配送造成不良影响，增加配送的成本，降低顾客的信誉度和忠诚度。因此，在接到退、调货时应认真分析原因，妥善处理退、调货问题。退、调货产生的原因主要包括以下几种：

（一）瑕疵品回收

生产厂商在设计、制造过程中造成的有品质问题的货物，往往会在销售后才由消费者或厂商发现。出现的这类瑕疵品必须立即部分或者全部回收，这种情形不常发生，却是不可避免的。

（二）搬运中损坏

包装不良或者搬运中剧烈震动造成货物破损或包装污损也会导致退、调货。发生这类退、调货必须重新研究包装材料的材质、包装方式和搬运过程中各项上、下货动作，找出真正的原因加以改善。

（三）货物送错退回

由于配送中心本身处理不当所产生的问题，如拣货不准确或条码、出货单等处理错误，使客户收到的货物种类或者数量与订单不符，必须调货或者退货，这时必须立即处理，减少客户抱怨。但是更重要的是，要核查资讯传达过程中所出现的问题，可能的原因有：订单接收时就产生错误或者拣货错误、出货单贴错、上错车等。找出原因后，应立即采取措施，如在常出错的地方增加控制点，以提高正确率。

（四）货物过期退回

一般的食品，如日配品（面包、卤味等）、速食类以及加工肉食类，或者药品都有有效期限，商家与供应商订有约定，过了有效期，就予以退货或者调货。在消费者意识高涨的今天，过期的货品绝对要从货架上卸下，不可再卖，更不可更改到期日。过期货物必须由合格的丢弃物处理商处理。过期货物从回收到销毁，均需投入许多成本，因此应做好事前准备，分析货物的需求，以减少过期货物的产生。认真分析过期货物产生的原因，提前提醒进货商或者零售商，要求客户分担部分处理费用，是根本的解决之道。

二、退、调货管理的意义

退、调货对配送中心最直接的影响就是增加了大量的退、调货，造成货品积压，增加了配送的退、调货成本，影响了配送中心的正常运转，降低了顾客的忠诚度和企业的信誉度。

对退、调货进行合理的退、调货管理，首先要制定良好的退、调货政策。通过制定政策，对退、调货进行严格的检验，可避免不必要的退、调货产生，从而降低过多的退、调货成本；通过制定政策对退、调货产品进行管理，可及时发现产品生产和配送管理中的问题，不断改进产品质量和服务水平。其次，对不同的退、调货要采取不同的处理方式，做到尽量减少退、调货。最后，还应积极地重新利用退、调货产品。因包装问题造成的退、调货应重新包装。因质量问题造成的退、调货，如质量没有问题，可重新进入流通市场，降低退、调货积压，增加流通效率；如质量确有问题，要通过配送中心集中返厂。

做好商品的退、调货工作可以建立良好的企业形象，通过及时进行退、调货管理可以保证客户的利益，提高自身的亲和力和建立良好的企业形象。做好商品退、调货管理工作可以提高资源的利用率。

三、退、调货流程与程序

（一）退、调货作业的一般流程

退、调货作业是一项复杂的作业过程，其一般流程如图 12-1 所示：

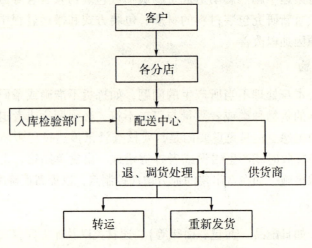

图 12-1　退、调货作业的一般流程

（二）退、调货处理的一般程序

图 12-1 展示了退、调货处理的一般流程，根据流程图可以归纳出退、调货处理的一般程序如下：

第一步：客户退、调货时应填写退、调货申请表，客户服务部门应就退、调货事宜同客户进行沟通和确认退、调货原因，并开具退、调货单作为客户退货、财务结算、运输交接、仓库接受退、调货的依据。

第二步：仓库在收到客户的退货时，应根据退、调货单，尽快清点完毕，如有异议必须以书面的形式提出。

第三步：仓库应将退入仓库的货物根据其退货原因，分别存放、标示。对因供应商所造成的不合格品，应与采购部门联系，催促供应商及时退换；对因仓储造成的不合格品且不能修复的，每月应申报一次，进行及时处理。

第四步：登记入账。对于已发放的货品和退回的货品，要及时入账，并按时向其他部门报送有关资料。

1. 配送中心退货基本流程

配送中心处理退货的基本流程如图 12-2 所示：

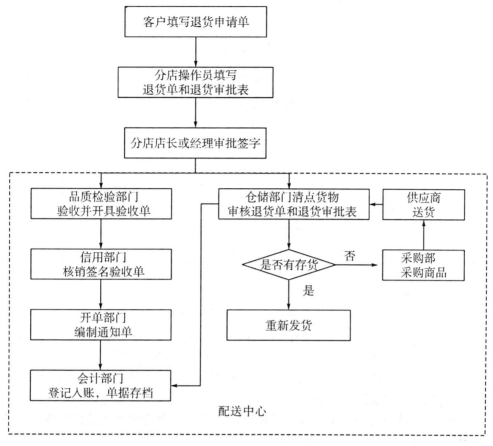

图 12-2　配送中心退货作业的基本流程

第一步：顾客退货时填写退货申请单，分店操作员应就退货事宜同顾客进行沟通和确认退货原因，填写退货单和退货审批表交由分店店长或经理。

第二步：分店店长或经理在退货单和退货审批表上审批签字并交给操作员，由操作员将退货商品和单据一并送到配送中心。

第三步：商品交给品质检验部门审核，开具验收单；仓储部门会同品质检验部门对货物进行清点，审核退货单和退货审批表，签字交给会计部门登记入账，并将单据存档。

2. 配送中心调货基本流程

配送中心退货中会发生调拨货物，为了明确各部门的职责和跟踪货物的流转，调拨货物流程也需要严格按照程序进行，不能随便调货。退货中调货的基本流程如图12-3 所示：

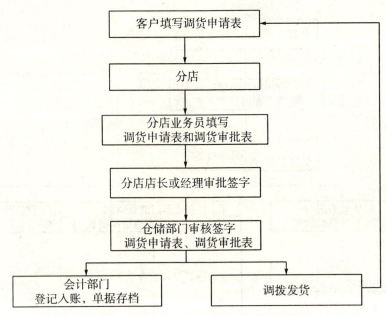

图 12-3　配送中心调拨货物作业的基本流程

第一步：顾客退货时填写调货申请表交由分店，分店根据实际情况的要求调拨货物；分店操作员填写调货申请表和调货审批表交由分店店长或经理。

第二步：分店店长或经理在调货申请表和调货审批表上审批签字并交给操作员，由操作员将调货单据送到配送中心。

第三步：仓储部门根据实际情况，对调货申请表和调货审批表进行审核，并签字交给会计部门登记入账以及将单据存档。

第四步：仓储部门审核签字后，根据实际情况，假如是配送中心调拨货物，则可立即由配送中心调拨发货；假如是其他分店调拨货物，则可通知其他分店直接调拨货物；假如是运输途中需要调拨货物，则通知运输部调拨发货。

四、退、调货处理原则与方法

（一）退、调货作业的处理原则

1. 责任原则

商品发生退、调货问题，先要明确产生问题的责任方是谁，确定是配送中心配送产生的问题，还是客户使用产生的问题。

2. 费用原则

退、调货的商品在退、调货中会耗费一定的人力、物力、财力，因此除非是配送中心的原因，其他若是客户的原因造成的退、调货费用应该由客户承担。

3. 条件原则

为了更好地做好退、调货管理，应决定接受哪种程度的退、调货，或者在何种情况下接受退、调货，并要有时间规定，如"在收货后的七天内退、调货"等。

4. 凭证原则

应规定客户以何种凭证作为退、调货商品的证明，并说明该凭证得以有效使用的方法。

5. 计价原则

退、调货的计价原则与购物价格不同，应对退、调货的作价方法进行说明，通常是按客户购进价与现行价的最低价进行结算。

（二）退、调货作业的处理方法

1. 无条件重新发货

对于因发货人按订单发货产生的错误，应由发货人重新调整发货方案，将错发货物调回，重新按正确的订单发货，中间发生的所有费用由发货人承担。

2. 运输单位赔偿

对于因运输途中产品受到损坏而发生退、调货的，根据退、调货情况，由发货人确定所需的修理费用或者赔偿金额，然后由运输单位负责赔偿。

3. 收取费用，重新发货

对于因客户订货有误而发生退、调货的，退、调货所有费用由客户承担。退、调货后，再根据客户新的订货单重新发货。

4. 重新发货或者发替代品

对于因产品有缺陷，客户要求退、调货，在接到退、调货指示后，营业人员应安排车辆收回退、调货商品，将商品集中到仓库退、调货处理区进行处理。一旦产品收回活动结束，生产厂家及其销售部门就应立即采取措施，用没有缺陷的同一种产品或替代品重新填补零售商店的货品。

五、退、调货的会计流程及注意事项

（一）退、调货的会计流程

退、调货的会计流程如图 12-4 所示：

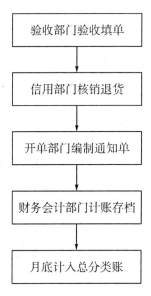

图 12-4　商品退货会计流程

1. 第一步：验收部门验收填单

客户退回货品后，各分店业务员经业务经理审批批准后，将退、调货申请表和退、调货审批表以及退、调货物品送至配送中心的品质检验部门，验收部门据此将进行退回商品的数量和质量清点验收，填制验收单两联，第二联验收单按号码顺序存档，第一联送交有关部门核销退回。

2. 第二步：信用部门核销退货

信用部门收到验收单后，根据验收部门的报告核准销货退回，并在验收单上签名，以示负责。同时，将核准后的验收单送至开单部门。

3. 第三步：开单部门编制通知单

开单部门接到信用部门转来的验收单后，编制贷项通知单（贷项通知单的内容主要包括货品编号、名称、规格型号、货主编号、货主名称、数量、单位、单价及金额等信息）一式三份，第一联连同核准后的验收单送至财务会计部门，编制应收账款明细账，贷记"应收账款"；第二联送达客户，通知客户销货退回已核准并记入账册；第三联按号码顺序存档。

4. 第四步：财务会计部门计账存档

财务会计部门在收到开单部门转来的贷项通知单第一联及已核准的验收单后，经核对正确无误，于"应收账款明细账"计入客户明细，于"存贷明细账"汇总计入退货数量，以保证"应收账款余额"和"存款余额"正确无误，并将贷项通知单及核准后验收单存档。

5. 第五步：月底计入总分类账

为了加强退、调货的账目管理，财务会计部门每月月底记录总账的人员都要从开单部门取出存档的贷项通知单，核对其编号顺序无误后，加总计入总分类账。

（二）退、调货处理的注意事项

在实施退、调货作业的过程中，应注意以下事项：

1. 制定退、调货规定

作为客户服务的一部分，建立相关的规定，对退、调货的处理、检查和准许等事项作出详细的指导，做到有程序可依。

2. 高层管理部门及其他有关人员都应参加回收产品的一切活动

退、调货处理对生产厂家和流通网络中的各方来说都是一件极其严重的事情。高层管理部门应参加回收产品的一切活动，其他有关人员包括企业的法律人员、会计人员、公关人员、品质管理人员、制造工程人员以及销售人员也都应参加。

3. 企业应选派专业人员负责处理产品回收事件

这样能更好地应对紧急情况，并且高效、快速处理问题。

4. 制定预防措施

在产品回收事件处理不成功，诉诸法律时，企业可将已采取的预防措施作为申述的内容予以陈述。

六、退、调货处理员的职责、操作流程与注意事项

(一)退、调货处理员的职责

退、调货处理员通常有以下职责：

(1)核实退、调货与退、调货单，确认退回商品的异常原因是否正确，并填写成品退、调货单上的实际数量。

(2)将退、调货信息传到配送中心，复审退、调货单据，予以退、调货。

(二)退、调货处理员的操作流程

退、调货处理员岗位操作流程如图 12-5 所示：

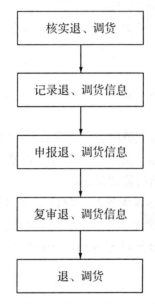

图 12-5 退、调货操作员岗位操作流程图

1. 核实退、调货

对照实物，确定满足退、调货规定的商品。

2. 记录退、调货信息

在退、调货中产生的退、调货单据，应对照实物录入所退商品的编码、名称、规格、批号、数量、产地、配送价格等信息。

3. 申报退、调货信息

确认退、调货单据和实物准确无误后，审核记账，将信息传送到配送中心。

4. 复审退、调货单据

收到确认单后，复核检查退、调货所发生月份的业务单据。

5. 退、调货

接受退、调货，并复核退、调货后商品的实际库存。

（三）退、调货处理员的注意事项

1. 运输的联络

接到业务部门送到的退、调货单应先审查有无注明依据及处理说明，若没有，应将退、调货单退回业务部门补上退、调货依据及处理说明；若有，则依退、调货单上的客户名称及承运地址联络承运商运回。

2. 退、调货品的验收

退、调货品运回后，应会同有关人员确认退回的成品异常原因是否正确，若确属事实，应将实退数量填注于退货单，并经接收人员、质量管理人员签章后，第一联存于财务会计部门，第二联送收货部门留存，第三联由承运人带回依此申请费用，第四联送业务部向客户取回原发票或销货证明书。

收到尚无退、调货单的退货品时，应立即联络业务部门主管确认无误后先暂予保管，等收到退、调货单后再依上述规定办理。

3. 退、调货品的处理

退、调货品需要重新处理的，应督促有关部门领回处理。

4. 退、调货的更正

若退、调货品与退、调货单记载的退、调货品不符时，应暂予保管（不入库），同时在退、调货单填注实收情况后，第三联由运输公司携回依此申请运费，第二联送回业务部门处理，第一联暂存仓运科依此督促。

业务部门检验退、调货品确属无误时，应依实退情况更正退、调货单，送有关部门办理销案。若退、调货品属误退时，应依原退、调货单第四联注明退、调货品不符后，送回单据的办理部门据以办理退回客户，并在成品交运单注明退换货不入账。退回的运费应由客户负担。

第二节　技能训练

本章【引导案例】介绍了 AA 超市遇到的退、调货困境，学完本章内容，假如你是 AA 超市配送中心某个岗位的工作人员，遇到类似的退、调货情况，你该如何进行处理？

现在有四个分店因为四种不同的原因要求退、调货（见表 12-1、表 12-2、表 12-3、表 12-4），请运用本章学习的内容，分组模拟商品的基本退、调货流程。要求如下：

第一，分成 4 组，每组 7~8 名成员，分别饰演分店业务员、分店店长或经理，以及配送中心中的仓储部门、验收部门、信用部门、开单部门、会计部门人员等角色。

第二，4 个小组分别面临 4 个分店的退、调货情况，4 个小组模拟商品退、调货的基本流程，可以借助附录中的资料。

第三，4 个小组模拟任务完成后，小组进行总结讨论，借助退、调货模拟任务，总结出退、调货处理的基本程序。

第四，4个小组讨论退、调货过程中的注意事项，并形成一份小组书面报告，作为课堂作业提交。

表 12-1　　　　　　　　　　　　分店 1 送货单

序号	商品名称	单价/元	订购数量/箱	金额/元	备注
1	好多多糖果	100	6	600	
2	正航 1 500 克饼干	80	5	400	正航 1 500 克
3	娃哈哈饮料	50	4	200	饼干 2 箱损坏
4	贝蒂妙厨薯片	200	26	5 200	
	合计	—	41	6 400	

表 12-2　　　　　　　　　　　　分店 2 送货单

序号	商品名称	单价/元	订购数量/箱	金额/元	备注
1	好多多糖果	100	7	700	
2	正航 1 500 克饼干	80	20	1 600	好多多糖果送货 8
3	娃哈哈饮料	50	13	650	箱，实际订货 7 箱
4	贝蒂妙厨薯片	200	26	5 200	
	合计	—	66	8 150	

表 12-3　　　　　　　　　　　　分店 3 送货单

序号	商品名称	单价/元	订购数量/箱	金额/元	备注
1	好多多糖果	100	56	5 600	
2	正航 1 500 克饼干	80	23	1 840	娃哈哈饮料送货
3	娃哈哈饮料	50	12	600	型号不符
4	贝蒂妙厨薯片	200	26	5 200	
	合计	—	117	13 240	

表 12-4　　　　　　　　　　　　分店 4 送货单

序号	商品名称	单价/元	订购数量/箱	金额/元	备注
1	好多多糖果	100	23	2 300	
2	正航 1 500 克饼干	80	10	800	贝蒂妙厨薯片 2 箱
3	娃哈哈饮料	50	9	450	超保质期
4	贝蒂妙厨薯片	200	30	6 000	
	合计	—	72	9 550	

本章小结

首先，本章通过 AA 超市配送过程的退、调货问题引入，详细地讲解了退、调货产生的各种原因以及一般退、调货处理的流程和程序；结合案例讨论了处理退、调货问题，总结了超市配送中心处理退、调货问题的基本流程，包括退货、调货和会计处理基本流程。其次，本章介绍了在处理退、调货过程中应该遵守的原则、方法和注意事项。最后，本章通过分组模拟 AA 超市的退、调货过程，让学生熟悉物流配送退、调货产生的原因、处理退、调货的方法、原则以及注意事项；最重要的是使学生熟悉退、调货处理的一般流程和处理程序，能够根据实践中不同的退、调货原因合理选择退、调货方法进行退、调货作业，并在完成模拟任务的过程中培养职业素质。

自测题

一、选择题

（1）退、调货协议包括的内容有（　　　）。

    A. 货物描述　　　　B. 退货原因　　　C. 双方责任　　　D. 纠纷解决

（2）退、调货作业处理的方法有（　　　）。

    A. 无条件重新发货　　　　　　　　B. 运输单位赔偿

    C. 收取费用，重新发货　　　　　　D. 重新发货或替代

（3）退、调货作业处理的原则包括（　　　）。

    A. 责任原则　　　　　　　　　　　B. 费用原则

    C. 条件原则　　　　　　　　　　　D. 计价原则

二、简答题

（1）简述退、调货作业的基本流程。

（2）发生退、调货作业的原因通常有哪些？

（3）退、调货作业的会计处理应注意哪些方面？

（4）退、调货处理应该注意哪些事项？

课后案例分析

A 公司规定只有由本公司出售并具有经签字准许退、调货证明的商品才能接受退货。除了由于本公司原因造成的退、调货外，其他退、调货至少要加收 15% 的退、调货费用，用于弥补配送中心造成的损失。如果退、调货是由于 A 公司造成的，那么费用由 A 公司承担。退、调货总是按照原批发价和现行价孰低的原则进行计价结算。申

请退、调货必须在开出发票日两月之内提出。

案例思考：

（1）A公司的规定使用了哪些退、调货原则？

（2）A公司接受退、调货的商品有哪些？

附录

1. 退货申请表

退货申请表

申请日期		操作员联系人		编号	
客户名称		地址		联系电话	
退货明细	名称	规格型号	数量	单价	退货原因

2. 退货单

退货单

退货单编号			退货日期			收货日期	
退货申请表编号			分店名称			业务员	
序号	商品编号	商品名称	规格型号	数量	单价	价额	退货原因
1							
2							
3							
4							
5							
6							
7							
金额合计：							
业务员	签字：			日期：			
部门经理	签字：			日期：			
仓储部门	签字：			日期：			
会计部门	签字：			日期：			

3. 退货审批表

退货审批表

日期：

客户名称		退货单编号		业务员	
商品编号	商品名称	规格型号	数量	单价	金额
退货原因					
经理意见					
仓储部门意见					
会计部门意见					

4. 调货单

调货单

调货单编号			调货日期			收货日期	
调货申请表编号			分店名称			业务员	
序号	商品编号	商品名称	规格型号	数量	单价	价额	退货原因
1							
2							
3							
4							
5							
6							
7							

金额合计：

业务员	签字：	日期：
部门经理	签字：	日期：
仓储部门	签字：	日期：
会计部门	签字：	日期：

5. 调货审批表

调货审批表

日期：

客户名称		退货单编号		业务员	
商品编号	商品名称	规格型号	数量	单价	金额
调货原因					
经理意见					
仓储部门意见					
会计部门意见					

6. 验收单

验收单

商品编号		商品数量		验收单编号	
商品名称		验收日期			
编号	检验项目	质量要求	检验状况	判定（合格/不合格）	
1					
2					
3					
4					
5					
6					
备注：					
检验员			日期		

7. 贷项通知单

贷项通知单

序号	日期	商品编号	商品名称	规格型号	顾客编号	顾客名称	数量	单价	金额

收货单位　　　　单位主管　　　　会计主管　　　　记账　　　　复核

参考文献

［1］李静，李选芒. 配送作业的组织与实施［M］. 北京：北京理工大学出版社，2010.

［2］吴斌. 配送管理实务［M］. 北京：科学出版社，2007.

［3］李海民. 物流配送实务［M］. 北京：北京理工大学出版社，2012.

［4］余仲文，陈代芬. 物流配送技术与实务［M］. 北京：人民交通出版社，2004.

［5］吕军伟. 物流配送业务管理模板与岗位操作流程［M］. 北京：中国经济出版社，2005.

［6］江少文. 配送中心运营管理［M］. 北京：高等教育出版社，2006.

［7］李永生，郑文玲，等. 仓储与配送管理［M］. 北京：机械工业出版社，2008.